Kurt Beutler

99 Überraschungen im Koran

Kurt Beutler

99 Überraschungen im Koran

Inspirierendes und Irritierendes –
ein Christ betrachtet das Buch des Islam

Gerth Medien

Inhalt

Vorwort

Ich bin Christ. Aber Muslime haben mein Leben reich gesegnet. Nicht nur durch ihre Freundlichkeit und Gastfreundschaft. Es waren Muslime, die entscheidend dazu beigetragen haben, dass ich einen Komplex loswurde, der mich lange bedrückte: Ich schämte mich nämlich früher für meinen Namen.

„Warum habt ihr mich ‚Kurt' genannt?“, fragte ich schon als Teenager meine Mutter. Ich hätte viel lieber einen biblischen Namen gehabt wie Daniel, Joel oder Markus. Von Französisch sprechenden Menschen wurde ich regelmäßig ausgelacht. In ihrer Sprache bedeutet „Kurt“ „kurz“ – was auch meiner tatsächlichen körperlichen Größe entsprach. Türken wiederum schauten mich entsetzt an. Auf Türkisch bedeutet mein Name „Wolf“.

Eines Tages wurde ich wieder einmal nach meinem Namen gefragt. „Kurt“, stotterte ich. Da lachte mein Gegenüber übers ganze Gesicht, schloss mich in die Arme und rief: „Das ist wunderbar. Dann sind wir Brüder! Ich bin nämlich auch Kurde.“ Seither bin ich stolz auf meinen Namen. Vielleicht war die Wahl meines Namens doch nicht einfach nur ein Fehler meiner Eltern, sondern eine göttliche Bestimmung. Es fällt mir leicht, mit Kurden und Angehörigen anderer Völker des Nahen Ostens Freundschaften zu schließen.

Nun sind die meisten Kurden Muslime, und immer wieder wurde ich gefragt, ob ich auch Muslim sei. Ich bin es aber nicht. Oder vielleicht doch? Ich gehöre nämlich zu jener Kategorie von Menschen, von denen der Koran sagt: *„Unser Gott und euer Gott sind ein und derselbe. Und ihm sind wir ergeben"* (Sure 29:46). „Ich bin Muslim." Das zu sagen, fällt mir nicht schwer, denn ich bin Gott ergeben – was die ursprüngliche Bedeutung von „Muslim" ist. Zudem habe ich so viele liebe muslimische Freunde. Und ich schätze es sehr hoch ein, dass der Islam die alte Kultur des Nahen Ostens bewahrt hat. Manches, was ich in meinem Leben unter Muslimen gelernt habe, hilft mir, meine Bibel besser zu verstehen. Und doch muss ich immer einen Zusatz machen: „Ich bin Muslim, doch mein Prophet ist Jesus."

Ist es eine gute Nachricht, dass es nur einen Gott gibt? Wenn im Namen dieses Gottes Menschen geholfen und Frieden gefördert wird, dann ist es eine gute Nachricht. Wenn aber Menschen, die nicht an diesen Gott glauben, unterdrückt und bekriegt werden, dann ist es eine schlechte. Die unzähligen Kriege, die im Namen dieses Gottes gefochten wurden und werden, machen es künftigen Generationen schwer, diesen Gott zu respektieren. Wenn es Muslimen, Christen und Juden darum ginge, dem Rest der Menschheit diesen einen Gott bekannt zu machen, dann täten sie gut daran, ganz auf Gewalt zu verzichten und zu lernen, den anderen in seiner Andersartigkeit zu achten, ja, zu lieben.

Daher betätige ich mich leidenschaftlich gerne als Brückenbauer. Ich bin mit einer Ägypterin verheiratet und für unsere Kinder ist die arabische Sprache zur Muttersprache geworden. So leben wir seit vielen Jahren zwischen zwei Welten – was mir aber die Möglichkeit gab, den Koran auf Arabisch zu lesen und in die arabische Kultur einzutauchen. Ich fand im heiligen Buch des Islam vieles, das mich inspiriert hat. So beginne ich in diesem Manuskript wie in meinem früheren Buch „Perlen im Koran" mit den Gemeinsamkeiten von Bibel und Koran. Der Koran empfiehlt nicht nur die Bibel, sondern erzählt auch die Geschichten mancher alttestamentlicher Propheten. Er spricht über die „Völker des Buches" und enthält ungefähr einhundert Verse über den Messias, den „Sohn der Maria". Aber ich habe auch Verse gefunden, die sehr befremdlich sind, mich irritieren, ja, auch zutiefst betroffen machen.

Die Bibel geriet in den vergangenen beiden Jahrhunderten in das Fegefeuer der Kritik. Das trifft mich als Christ, vor allem dann, wenn die Kritik respektlos, unfair und pseudowissenschaftlich daherkommt. Und doch erschüttert es meinen Glauben nicht. Wenn die Bibel wahr ist, dann wird sie all ihre Kritiker überleben. Ist sie aber nicht wahr, wird sie so oder so untergehen.

Darf man an einem Glaubensgebäude kratzen, ohne gleich als Ketzer verurteilt und mit dem Tod bedroht zu werden? Ich wage es in diesem Buch, auch so manche Fragezeichen an Koranversen anzubringen. Damit will ich nicht verurteilen. Ich teile nur mit, was mir in jahrelangem Koranstudium aufgegangen ist. Und ich lade Sie ein, das zu tun, was Paulus den Thessalonichern geraten hat: „Prüfet alles, das Gute behaltet" (1. Thessalonicher 5,21).

Jedem Muslim ist es in die Wiege gelegt, dem Koran grenzenlos zu vertrauen. Zweifel gilt als vom Teufel und wird als Sünde eingestuft. Aber wenn der Koran wirklich Gottes Buch ist, wird er es ertragen, dass wir gewisse Verse genauer betrachten und uns fragen, was da wirklich gesagt wird. Wer das glaubt, kann die Sache gelassen angehen.

Ohne Überraschungen ist das Leben langweilig. Faszinierend wird es dann, wenn wir Ungewöhnliches erkennen und darüber staunen können. Erst auf diese Weise lernen wir noch viel Neues. Die besten Lehrer sind diejenigen, die ihren Studenten das zu erlernende Wissen mit Überraschungseffekten beibringen können. Denn es sind diese Momente des Staunens, die besser in Erinnerung bleiben als alles andere.

Ziel dieses Buches ist es nicht, den Koran auszulegen oder jemandem vorzuschreiben, wie er diesen zu verstehen hat. Die 99 Überraschungen sollen zum Weiterdenken anregen. Deswegen habe ich mich bemüht, meine Beobachtungen auf ungewohnte Art und Weise zu formulieren. Wie überraschend sie dem Leser aber erscheinen, hängt natürlich auch von seinen Vorkenntnissen ab. Ich hoffe aber, dass viele Menschen von diesen Beobachtungen profitieren.

1. Überraschung:
Die älteste Sure kommt zuletzt

Der Koran enthält 114 Kapitel, die man Suren nennt. Etwa die Hälfte davon trägt den Vermerk „in Mekka offenbart“, die andere Hälfte „in Medina offenbart“. Mohammed, der Gründer des Islam, stammte aus Mekka, musste aber später nach Medina fliehen, wo er die letzten zehn Jahre seines Lebens verbrachte (622–632).[1] Überraschenderweise stehen aber die später entstandenen Medina-Suren nicht am Ende, sondern am Anfang des Korans. Erst in der zweiten Hälfte finden wir die früheren Mekka-Suren. Der interessierte Leser kann dies leicht selbst nachprüfen. Sollte er keinen eigenen Koran besitzen, kann er die gesuchten Suren im Internet nachschlagen.

Der Koran wurde offensichtlich nicht nach dem zeitlichen Ablauf geordnet, sondern nach der Länge der einzelnen Suren. Zuerst kommen die langen Suren, dann werden sie immer kürzer. Die Mekka-Suren sind im Allgemeinen die kurzen. Wenn man den Koran in der historisch korrekten Reihenfolge lesen will, muss man also hinten anfangen und von hinten nach vorne lesen.

Die Längenunterschiede sind übrigens überraschend groß: Sure 2 hat 286 teilweise sehr lange Verse, Sure 108 dagegen nur drei ganz kurze. Die 1. Sure bildet allerdings eine Ausnahme: Sie ist mit ihren 7 Versen kurz. Die ersten 57 Suren sind durchschnittlich fast 7-mal so lang wie die zweiten 57 Suren.

Die 2. Sure hat weit mehr, die 3. genau und die 4. weniger als 200 Verse. Die 5. Sure ist mit nur 120 Versen noch kürzer,

---

1 Mekka und Medina sind die Namen zweier Städte auf der arabischen Halbinsel im heutigen Saudi-Arabien.

doch die 6. dann wieder fast so lang wie die vierte. Der Suren sind also ungefähr, aber nicht strikt nach der Länge angeordnet.

2. Überraschung: **Wie man sich die ersten zehn Suren merken kann**

Die Namen der 114 Suren folgen keinem System. Deshalb ist es für den Ungeübten schwierig, den Überblick zu behalten. Doch mithilfe einiger Eselsbrücken können wir uns wenigstens die ersten zehn einprägen, welche wegen ihrer Länge am häufigsten zitiert werden.

Die 1. Sure bildet eine Ausnahme, sie enthält nur wenige Verse. Man nennt sie „Die Eröffnende".

Sure 2 ist nach der „Kuh" benannt, die Moses geopfert hat. Die Kuh hat *zwei* Hörner.

Sure 3 heißt „Ali 'Imran", was „Die Familie von Amran" bedeutet. Amran ist der Vater von Moses, Aaron und Miriam und hat somit *drei* Kinder.

Sure 4 ist den „Frauen" gewidmet. Klar, denn es ist im Islam ja erlaubt, bis zu *vier* Frauen zu heiraten.

Die 5. Sure erzählt die Geschichte eines „Tisches", den der Prophet Jesus vom Himmel herabruft, und ist nach diesem benannt. Ein Tisch hat vier Beine und eine Tischplatte, also insgesamt *fünf* Bestandteile.

„Das Vieh" ist der Name von Sure 6. Dieses Vieh hat *sechs* Körperansätze, nämlich vier Beine, Kopf und Schwanz.

Auch der Name der 7. Sure ist passend. Es geht darin um Menschen, die auf „Anhöhen" sitzen, von denen aus sie sowohl den Himmel als auch die Hölle beobachten können. Die Zahl 7 hat zwei Querstriche, die man gut als Anhöhen bezeichnen kann.

Das Problem der Beuteverteilung nach dem Sieg wird in Sure 8 behandelt. Sie trägt den Namen „Die Beute“. Die Zahl 8 besteht ja eigentlich aus zwei Kreisen. Wir stellen uns vor, es handelt sich dabei um zwei prall gefüllte Beutesäcke.

Sure 9 wird „Die Reue“ genannt. Es fällt auf, dass die Zahl 9 keine Ecken hat. Sie ähnelt einem Menschen, der sich reuevoll zusammenrollt.

Dem Propheten „Jona“ ist die 10. Sure gewidmet. Die Zahl 10 besteht bekanntlich aus einer 1 und einer 0. Jona hat versagt und fühlte sich wie eine Null. Aber der einzige Gott, für den die Zahl 1 typisch ist, hat ihn nicht verworfen, sondern sich vor ihn gestellt. Nur dank dieser Barmherzigkeit konnte Jona ein Prophet werden.

3. Überraschung: **Fünf Suren sind nach Tieren benannt – unter anderem „Die Spinne“**

Kein Muslim hat Grund, Tiere zu verachten, denn diese werden im Koran geehrt. Fünf Suren tragen Tiernamen: *Die Kuh (2), Die Biene (16), Die Ameisen (27), Die Spinne* (29) und *Der Elefant* (105), überraschenderweise trägt aber nur eine Sure den Namen einer Frau: *Maria* (19). Gemeint ist die Mutter Jesu, der eine ganze Sure gewidmet ist.

Überraschend ist auch, dass die meisten Suren inhaltlich recht wenig mit dem zu tun haben, was man nach der Überschrift erwarten würde. So fällt etwa auf, dass einige die Namen von bekannten jüdischen Gottesmännern wie Abraham, Jona, Moses und Noah tragen. Dennoch sind die Geschichten dieser Propheten im gesamten Koran verstreut zu finden. Die einzige, die wirklich eine ganze Lebensgeschichte erzählt, ist die 12. Sure, die von Josef handelt. Aber auch nicht biblische Propheten kommen in den Überschriften vor wie Lukman und Hud. Städte- und Völkernamen fehlen ebenfalls nicht: „Die Sabäer", „Die Byzantiner", „Die Bewohner von Al-Hidschr" und „Die Quraisch".

Naturelemente können auch als Titel dienen: der Mond, die Nacht, die Sonne, der Stern, der Nachtstern, Sternbilder, das Morgengrauen, die Morgenröte, der Berg, das Erdbeben, der Rauch, der Donner, das Eisen, die Feige, die Höhle, die Sanddünen und die Palmfasern.

Manchmal genügen auch einfach nur einzelne Buchstaben: Ta-Ha, Qaf, Sad oder Ya-Sin.

Natürlich fehlen auch göttliche Eigenschaften nicht: der Schöpfer, der Höchste, der Erbarmer und der Vergebende. Zudem gibt es auch typisch religiöse Themen wie die Himmelsleiter Jakobs sowie den Tisch Jesu oder die Pilgerfahrt.

Einige haben direkten Bezug zum Propheten des Islam oder zu Ereignissen aus seinem Leben: Mohammed, der Stirnrunzelnde, der, dessen Brust geweitet wurde, die Nachtreise oder der Bedeckte.

Auch militärische Themen fehlen nicht: die Schlachtordnung, der Sieg, die Beute.

Suren, die sich auf den Tag der Auferstehung beziehen, sind nicht unbedingt am Titel zu erkennen: die Gemächer, die sich in ihre Tücher Einhüllenden, das Zerbrechen, das Zerspalten. Manchmal ist auch ein Bezug zu den Sünden der Menschen spürbar: die Heuchler, die das Maß Verkürzenden, die Ungläubigen, der goldene Prunk, die Streitgespräche führenden.

4. Überraschung: **Der Unterschied zwischen Mekka- und Medina-Suren**

Am Anfang jeder Sure wird erwähnt, ob diese aus der Zeit stammt, in der Mohammed noch in seiner Vaterstadt Mekka lebte, oder aus der späteren Medina-Zeit. Wer sich die Mühe macht, die Mekka- und Medina-Suren inhaltlich zu trennen, der staunt über die großen Unterschiede. Im Allgemeinen sind die Mekka-Suren früher entstanden und kürzer, befinden sich aber im Koran eher (es gibt Ausnahmen) weiter hinten.

Die *Mekka-Suren* beginnen häufig mit Gedanken über die Einheit und Größe Gottes und das Gute, das er für den Menschen getan hat. Sie stellen Gottes Fürsorge der Gleichgültigkeit des Menschen gegenüber. Dies mündet dann typischerweise in einen Hinweis auf das Jüngste Gericht, wenn am Ende der Welt alle Verstorbenen auferweckt und gerichtet werden. Einige Mekka-Suren zeigen Spuren der inneren Kämpfe, in denen Mohammed sich in Mekka befand. Er sah sich mächtigen Feinden gegenüber und dies setzte ihm hart zu. So enthalten manche Verse Ermutigungen für ihn. Zudem wird er an die Geschichten der früheren Propheten erinnert, von denen die meisten ähnliche Schwierigkeiten erlebten. Trotzdem hört Mohammed nicht auf, unter großen Opfern sowohl zu sozialer als auch religiöser Erneuerung aufzurufen (vgl. Suren 31 und 107).

In den *Medina-Suren* dagegen finden wir ganz andere Themen. Zwar geht es auch dort oft um die Auseinandersetzung mit Feinden, doch es sind bereits erste Siege errungen worden. Nun werden Regeln für die islamische Gemeinschaft und Gesetze für den entstehenden Staat festgelegt. Auch innere Konflikte, die sich zum Beispiel aus der Frage über die Verteilung der Beute nach einem gewonnenen Sieg ergeben, werden behandelt. Jedoch zeigt sich immer deutlicher, dass es unter den Muslimen nicht nur Begeisterte, sondern auch Widerwillige gibt. Mehrere Suren setzen sich mit diesen sogenannten Heuchlern (munafiqun) auseinander. Juden und Christen, die in Mekka mehr im Hintergrund eine Rolle spielten, werden nun zu einem großen Thema. Ehe, Scheidung und der Platz der Frau in der islamischen Gemeinschaft müssen ebenfalls wiederholt diskutiert werden.

Der für Mekka typische Begriff lautet „Bußpredigt", der für Medina „Politik".

5. Überraschung: Vieles fehlt, das man gerne wissen möchte

Der Koran enthält zwar Gedanken zu vielen Themen und auf den ersten Blick scheint ihm nichts zu fehlen. Wer ihn aber genau liest, wird sich an manchen Stellen mehr Informationen wünschen. Es ist oft beim besten Willen nicht möglich zu wissen, auf welche Situationen sich die Verse genau beziehen.

Zum einen fehlen oft konkrete Erklärungen. Manche Verse enthalten Anspielungen, und es bleibt dann dem Leser überlassen, die Details zu erraten. So steht schon in der ersten Sure ein Satz, der nach mehr Information verlangt: *„Leite uns nicht den Weg derer, denen Du zürnst, und nicht der Irrenden.“*[2] Viel ist darüber diskutiert worden, wer diejenigen sind, denen Allah zürnt, und wer die anderen, die sich verirrt haben. Viele Ausleger sind überzeugt, dass damit Juden und Christen gemeint sind. Einige Traditionen berufen sich darauf, dass schon Mohammed das sagte. Wer könnte sonst gemeint sein? An vielen Stellen des Korans sind derartige Andeutungen zu finden, die letztlich unklar bleiben.

Allgemein fehlen im Koran viele Details. So etwa in Bezug auf das Gebet. Es wird zwar immer wieder dazu ermahnt, das Gebet nicht zu vernachlässigen. Doch wann und wie oft man beten soll, welche Körperteile zuerst auf welche Art zu waschen sind, welche Bewegungen beim Gebet vorgeschrieben sind und welche Worte dazu gesprochen werden sollen, das sind Informationen, die man im Koran vergeblich sucht. So fehlt etwa auch das Gebot der männlichen Beschneidung im Koran, die doch im Islam so wichtig ist. Während einzelne muslimische Pflichten, wie etwa das Ramadanfasten, recht detailliert beschrieben werden, stellt der aufmerksame Leser dennoch fest, dass das im Islam so zentrale Schariagesetz nur ansatzweise im Koran zu finden ist.

Tatsächlich befand sich die islamische Gemeinschaft nach dem Tod Mohammeds in einem Dilemma: Der Islam entwickelte sich zu einer Gesetzesreligion, und doch enthielt der Koran, sein heiliges Buch, relativ wenige klare Gesetze. Das Alltagsleben brachte immer mehr praktische Fragen mit sich:

---

2 Die meisten Koranzitate dieses Buches sind gemäß der Übersetzung von Max Henning wiedergegeben. Diederichs Verlag, erstmals herausgegeben 1901 bei Reclam in Leipzig.

Wie sollte eine Hochzeit durchgeführt werden? Wie sollte man seine Frau und seine Kinder behandeln? Mit welchen Riten jemanden nach seinem Tod begraben? So wurden schließlich die sogenannten Hadithe gesammelt. Hadithe sind umfangreiche Bücher, die jeweils Tausende von Taten und Aussprüchen des Propheten Mohammed enthalten und auch Praktiken, die er stillschweigend gebilligt hat. Im Gegensatz zum Koran sind die Hadithe nach Themen geordnet.[3] Wer nun irgendeine Frage dazu hat, wie dieses oder jenes getan werden soll, der schaut in den Hadithe nach, wie Mohammed sich in einer ähnlichen Situation verhielt (bzw. er fragt einen Scheikh, der sich in den Hadithe auskennt), und folgt seinem Vorbild.

Etwa 85 Prozent der Muslime bezeichnen sich als Sunniten. Dieses Wort leitet sich von „Sunna" ab. Die sogenannte Sunna bezeichnet die Lebensweise des Propheten Mohammed, das heißt seine Gewohnheiten, Bräuche und Sitten. Jeder ernsthafte Sunnit sieht sich dazu verpflichtet, sich das Beispiel Mohammeds in allen Lebensbereichen zum Vorbild zu nehmen. Wer sich nicht daran hält, läuft Gefahr, von strenger praktizierenden Muslimen – oder Islamisten – als Heuchler oder Abtrünniger behandelt zu werden.[4]

---

3 Im Allgemeinen werden sechs Bücher als die grundlegenden Hadithe genannt: al-Bukhari, al-Muslim, Abu Dawud, Tirmidhi, Nasai und Ibn Madscha. Doch anstatt des Letzteren wird oft auch das Buch von Imam Malik oder Darimi genannt.

4 Bei den restlichen 15 Prozent handelt es sich zumeist um Schiiten. Auch sie kennen Hadithebücher, welche sich allerdings von denen der Sunniten wesentlich unterscheiden.

6. Überraschung:
Die mystischen Buchstaben

29 Suren beginnen mit einem oder bis zu vier Einzelbuchstaben. So etwa die 10. Sure. Nach der Anfangsformel „Im Namen Allahs, des Barmherzigen, des Erbarmers“ folgen die drei Buchstaben A, L und R. Diese bilden kein bekanntes Wort. Man fragt sich unwillkürlich, was sie bedeuten.

Dies sind die Buchstaben und die Suren, an deren Anfang sie vorkommen:

ALR: 10, 11, 12, 14, 15
ALM: 2, 3, 29, 30, 31, 32
ALMR: 13
ALMS: 7
HM: 40, 41, 43, 44, 45, 46
HM'SQ: 42
S: 38
TS: 27
TSM: 26, 28
TH: 20
Q: 50
KHY'S: 19
N: 68
YS: 36

Muslime und Nichtmuslime haben in vielen Theorien versucht, diese Buchstaben zu erklären. Wurden sie vielleicht vom Engel Gabriel übermittelt und haben in einer uns unbekannten himmlischen Sprache eine tiefe Bedeutung? Oder hat der Sammler des Korans hier vermerkt, welche Suren er von wem erhalten hat? Stammen sie vielleicht von den Schreibern selbst, die sich mithilfe dieser Abkürzungen den Inhalt der verschiedenen Suren merken wollten? Sind es okkulte Zeichen, welche nur die Dschinn (Dämonen) verstehen können?

Noch viele andere Vorschläge sind sowohl von Muslimen als auch von westlichen Wissenschaftlern gemacht worden. Doch bis heute hat sich keine Theorie durchgesetzt. Kreative Ideen sind allemal willkommen.

7. Überraschung: Der Koran weiß nichts von Hadithe

Die meisten Muslime betrachten die Hadithe als fast genauso heilig wie den Koran, auch wenn es bis heute große Diskussionen darüber gibt, welche Hadithe glaubwürdig sind und welche nicht. So haben etwa die Schiiten ganz andere Hadithe als die Sunniten. Dies überrascht nicht, wurden die Hadithe doch erst erstaunlich lange Zeit nach dem Tod Mohammeds gesammelt. Islamisches Brauchtum und Schariagesetz fußen also zu einem guten Teil auf Einzelheiten, die gar nicht im Koran stehen und aus Büchern stammen, auf die der Koran nicht hinweist. Die bei den Sunniten bedeutendsten Hadithesammler wie Al-Bukhari (810–870) und Al-Muslim (nach 815–875) lebten mehr als 200 Jahre nach Mohammed. Nicht nur Orientalisten, sondern auch muslimische Theologen haben zudem wiederholt darauf hingewiesen, dass die Hadithesammler nicht neutral waren, sondern von den Politikern ihrer Zeit beeinflusst wurden.[5] Sie schrieben Dinge auf, die sie nicht aus eigenem Erleben kannten, gaben aber bei jedem Hadith den Namen des Erzählers an. Doch auch diese hatten Mohammed nicht persönlich gekannt. Sie nannten wiederum die Person, die ihnen ihr Wissen übermittelt hatte usw. Die Glaubwürdigkeit der Hadithe baut also darauf auf, dass mehrere Generationen ihre Informationen fehlerlos weitergegeben haben.

Nichtsdestotrotz werden die meisten Hadithe in der islamischen Theologie wörtlich verstanden und angewendet. Der Einfluss der Hadithe ist zum Teil sogar stärker als der des Korans. Das folgende Beispiel macht dies deutlich: Der Koran kennt keine Steinigung. Für Ehebruch schreibt er Peitschenhiebe vor (Sure 24). Doch gemäß den Hadithe soll Mohammed Steinigungen angeordnet haben. Seither sind unzählige Menschen gesteinigt worden. Und es wäre kaum denkbar, heute die Steinigung aus dem Schariagesetz zu streichen.

Es ist also nicht verwunderlich, dass es unter Muslimen in vielen Bereichen große Meinungsunterschiede gibt und auch das Schariagesetz in verschiedenen Staaten unterschiedlich angewendet wird. Die Scharia gänzlich abzulehnen, ist für muslimische Politiker schwierig (Ausnahme: Bourgiba in Tunesien), aber es ist möglich, sie auf unterschiedliche Art zu interpretieren. Eine Schwierigkeit ist, dass es verschiedenartige und sogar widersprüchliche Hadithe gibt. Wie bereits erwähnt, akzeptieren die Sunniten die Hadithe der Schiiten nicht und umgekehrt. Die Sufis (mystische Muslime) wiederum legen mit Vorliebe weder den Koran noch die Hadithe-

---

5 Vgl. dazu etwa „Der verfälschte Islam" von Yasar Nuri Öztürk, Grupello Verlag, Düsseldorf.

bücher wörtlich aus, sondern suchen die verborgene, mystische Bedeutung der alten Bücher.

Die Hadithe, die im Islam zu den heiligen Büchern gezählt werden, versehen den islamischen Glauben mit einem großen Fragezeichen: Wie ist es möglich, dass nach dem Koran – der gemäß eigener Angaben das letzte himmlische Buch ist – noch eine ganze Serie anderer heiliger Bücher kam? Und wenn der Koran doch vollkommen ist, wieso braucht er die Hadithe?

8. Überraschung: Das wichtigste Gebot ist ein jüdisches Zitat

Die bekanntesten Gebote des Korans sind wohl die sogenannten fünf Säulen: Jeder Muslim muss so oft wie möglich das islamische Glaubensbekenntnis aufsagen (1), fünfmal täglich das rituelle Gebet verrichten (2), im Monat Ramadan fasten (3), die Pilgerreise nach Mekka unternehmen (4) und Almosen geben (5). Wer allerdings den Koran ganz liest und ernst nimmt, findet darin noch viele andere Gesetzesregelungen, angefangen vom Verbot, aus Armut die eigenen Kinder zu töten, bis hin zum Befehl, mit Gut und Blut in den Krieg zu ziehen.

Einige Gebote wie die Verschleierung der Frau oder Aufrufe zu Kreuzigungen, Hand- und Fußabhackungen (Sure 5:33) haben zu großen innerislamischen Kontroversen geführt. Müssen sie symbolisch oder situationsbezogen verstanden werden? Viele Muslime glauben dies. Andere bestehen auf buchstäblicher Anwendung. Diese Beispiele zeigen, wie wichtig die Interpretation des Korans ist. Dadurch kann ein bestimmtes Gebot unter Umständen genau entgegengesetzt ausgelegt werden. So verstehen manche Muslime den Dschihad als Aufruf zum Krieg. Andere sehen darin vor allem den friedlichen Überlebenskampf gegen das Böse. Welche Auslegung ist legitim? Die Praxis zeigt, dass gemäßigte Auslegungen eines heiklen Verses die mit ihm verbundenen Probleme nicht automatisch lösen, denn er bleibt ja in seiner ursprünglichen Form im Koran stehen. Auch wenn manche einen Vers gemäßigt interpretieren, wird diese Interpretation längst nicht von allen Muslimen akzeptiert werden.

Sure 17:22-23 drückt das zentralste Anliegen des Islam aus: *„Setze Allah keine andere Gottheit zur Seite, damit du nicht, mit Schimpf bedeckt und verlassen, zurückbleibst. Dein Herr hat bestimmt, dass ihr Ihn alleine anbeten sollt und dass ihr gegen eure Eltern gütig seid, auch wenn der eine von ihnen oder beide bei dir ins hohe Alter kommen."* Ähnliche Worte finden sich in der Thora der Juden (2. Mose 20,1ff.). Es mag überraschen, dass das zentralste Gebot des Korans sich nicht von dem unterscheidet, was schon seit Jahrtausenden am Anfang des jüdischen Gesetzes stand. Tatsächlich zeigt ein Blick in die Geschichtsbücher, dass die Stammväter der Juden und Muslime Brüder waren: Isaak und Ismael. Kein Wunder, dass ihre Religionen sich ähneln. Beide betonen die Einheit Gottes, beide haben ein strenges religiöses Gesetz, beiden ist Schweinefleisch untersagt, beiden ist das Schächten vorgeschrieben und Blut zu essen verboten und vieles mehr.

9. Überraschung: **Es ist extrem schwierig, den Koran richtig zu verstehen**

Aus verschiedenen Gründen gilt der Koran als ein schwer verständliches Buch. Deshalb geben seriöse Koranausleger für die Bedeutung der Verse oft verschiedene Möglichkeiten an. Zum einen wurde der Koran in altem, klassischem Arabisch geschrieben, während sich die arabische Sprache in der Zwischenzeit sehr verändert hat. Doch es gibt noch weit mehr Faktoren, die das richtige Verständnis des Korans erschweren:

- Er erzählt keine fortlaufende Geschichte. Ort und Zeit des Geschehens werden selten angegeben. (Wer ist zum Beispiel „Hud" aus Sure 11? Wann lebte er und wo?)
- Manchmal behandeln benachbarte Verse ganz unterschiedliche Themen, und man ist nicht immer sicher, was der genaue Anlass für einen Vers war. So dreht sich Sure 24 teilweise um ein Problem, das mit einer von Mohammeds Frauen namens Aisha zu tun hat. Doch weder wird die betreffende Geschichte erzählt noch ihr Name erwähnt.[6]
- Oft wird zu wenig über ein Thema gesagt, als dass der Leser ganz sicher sein könnte, was die Aussage ist. Von Jakob beispielsweise steht im Koran praktisch nur sein Name. Der interessierte Leser, der mehr über ihn wissen möchte, ist gezwungen, in der Bibel nachzuschlagen.
- Manchmal findet man an verschiedenen Stellen des Korans ganz unterschiedliche Angaben zum selben Thema. So ist zum Beispiel nicht klar, ob der Pharao im Roten Meer

6 Stichwort „Asbab an-nuzul". Als „Asbab an-nuzul" werden Berichte bezeichnet, die den historischen Anlass für die Offenbarung eines gegebenen Koranabschnitts näher bestimmen.

ertrank oder nicht (vgl. Sure 10:92 mit 17:103) und ob er vor seinem Tod zum Glauben fand oder nicht (vgl. Sure 10:90 mit Sure 11:98-99).

- Die genaue Bedeutung der alten im Koran benutzten Wörter ist nicht immer klar, weil manche arabischen Wörter auch vieldeutig sind.
- Der Koran wurde ursprünglich unpunktiert und ohne Vokale aufgeschrieben. Es gab vor der Punktierung sieben offiziell akzeptierte Lesarten, die alle als korrekt galten. Buchstaben wie „n“, „b“, „i“, „t“ und „th“ unterscheiden sich meist nur in der Punktierung. Wenn man bedenkt, dass ein Buchstabe unter Umständen die Bedeutung eines ganzen Wortes verändern kann, wird klar, dass die ersten Muslime wohl manches im Koran noch ganz anders verstanden haben.

Man muss sich auch bewusst sein, dass die meisten Muslime keine Araber sind. Sie hören immer wieder, dass die Übersetzung des Korans in ihre Sprache mangelhaft sei und dessen Sinn entstelle. Wie aber sollen sie dann wissen, was wirklich darin steht? Sie sind also abhängig von Lehrern, die Arabisch lesen können.

Zudem gibt es in der islamischen Theologie die Lehre der Abrogation (nazekh und manzukh), die sich auf Sure 2:106 und 16:101 stützt, der zufolge gewisse Koranverse nicht mehr gültig seien, weil sie von späteren ersetzt wurden, obwohl sie nach wie vor im Koran stehen. Derartige Lehren machen es dem Laien nicht gerade einfacher zu wissen, wie er nun den Koran verstehen soll und wie nicht!

Wer interpretiert den Koran richtig? Um glaubwürdig zu sein, muss ein Ausleger das Leben Mohammeds gut kennen.

Das heißt, er sollte mit den verschiedenartigen Hadithe und der ursprünglichen Biografie Mohammeds, der sogenannten „Sire“ von Ibn Hischam, vertraut sein (und wenn möglich mit der zweiten „Sire“ von Halaby). Zudem muss er die Bibel kennen, um die Prophetengeschichten erklären zu können. Am Ende muss man sagen, dass derjenige den Koran am vertrauenswürdigsten auslegt, der zugibt, dass vieles unklar bleibt.

10. Überraschung: **Die Verehrung des Korans**

Aus den in der 9. Überraschung beschriebenen Gründen bleibt mancher Koranvers schwer verständlich. Das ist kein Geheimnis. Die meisten Muslime sind sich dessen bewusst. Manche sind darauf sogar stolz. Es sei ja schließlich ein himmlisches Buch, wie solle es da für Menschen einfach verständlich sein? Für viele ist gerade das Geheimnisvolle am Koran ein Beweis seiner Göttlichkeit. Nach meinen Beobachtungen ist in der Praxis der Klang der gesungenen Koranverse mindestens ebenso wichtig wie die genaue Bedeutung. Wenn Gläubige hören, wie ein begabter Imam die Koranverse in Melodien kleidet, spüren sie den Himmel auf Erden. Für Millionen sind diese Gefühle der schlagende Beweis für die Wahrheit des Korans. Dieser wird inbrünstig verehrt und erhält den Ehrenplatz im Haus. Niemand darf ihn mit ungewaschenen Händen berühren, unter der Gürtellinie halten oder gar auf den Boden legen. Jeder, der den Koran auszulegen weiß, gilt als heiliger Mann und genießt höchsten Respekt.

Diese religiöse Kultur hat sehr viel Schönes. Doch leider birgt sie auch eine nicht geringe Gefahr, die oft vergessen wird. Extremisten nutzen die Verehrung des Korans und des Predigers, der ihn auszulegen weiß, für ihre Zwecke. Da sie als diejenigen auftreten, die den Koran noch besser verstehen als die örtlichen Imame, genießen sie in weiten Kreisen fast grenzenlose Hochachtung. So ist es ihnen ein Leichtes, neue willige Diener zu rekrutieren. Sie pochen darauf, dass der Koran Befehle zur Gewalt enthält und dass Ungehorsam eine Sünde sei. Zwar gibt es jede Menge gemäßigter Muslime, die eine fanatische Auslegung ablehnen. Doch auch sie können dem Extremismus nur zum Teil Einhalt gebieten, solange diese Kultur der grenzenlosen Koran- und Predigerverehrung vorherrscht.

Eine der größten Diskussionen in der Geschichte der Muslime wurde über die Frage geführt, ob der Koran erschaffen wurde oder ob er seit Ewigkeit vorhanden war. Ein einflussreicher islamischer Theologe, Ahmed ibn Hanbal (780–855), lehrte aufgrund von Sure 43:2-4, dass die 114 Suren seit Ewigkeit auf einem Tablett im Himmel aufbewahrt worden seien. Seine Gegner dagegen befürchteten, dass der Koran praktisch wie ein zweiter Gott neben Allah behandelt werden könnte, und lehrten deshalb, dass er erst später erschaffen worden sei. Doch sie wurden verfolgt und ihre Lehre verboten.

So finden sich die meisten Muslime in einer sehr unbefriedigenden Situation wieder: Sie sind gezwungen, sich für das Verständnis des wichtigsten islamischen Buches auf Arabisch sprechende Vertrauenspersonen zu verlassen, und haben wenig Möglichkeiten, im Original nachzuprüfen, ob deren Interpretation auch wirklich stimmt. Alles, was sie wissen, ist, wie verehrenswert es sei. Solange sie nicht die arabische Sprache studieren, bleiben sie Muslime zweiter Klasse.

11. Überraschung:
Die Verehrung der arabischen Sprache

Der Koran ist untrennbar mit der arabischen Sprache verknüpft, auch wenn nicht arabische Muslime ab und zu versucht haben, diese Vormachtstellung zu durchbrechen (zum Beispiel die Türken). Es gibt keinen Koranvers, der behauptet, die arabische Kultur und Sprache seien heilig. Und doch glauben dies fast alle Muslime, weil die Hadithe dies so lehren. Der Koran selbst erklärt nur, dass er deshalb auf Arabisch offenbart sei, damit die Menschen ihn besser verstehen könnten. Die Bewohner Mekkas verstanden schlicht keine andere Sprache (vgl. Sure 41:44). Doch heutzutage glauben die meisten Muslime, dass der Koran schon im Himmel auf Arabisch verfasst worden sei. Für viele Gläubige ist deshalb der Beweis für die Göttlichkeit des Korans eng mit der arabischen Sprache verknüpft.

Ein Nichtmuslim kann sich nicht vorstellen, welchen religiösen Stellenwert die arabische Sprache im Islam hat. Folgende Gedankengänge sind üblich:

a) Der Koran ist ein göttliches Werk, weil es seither nie wieder einem Araber gelungen ist, ebenbürtige Poesie herzustellen (vgl. Sure 2:23 f.), wird oft argumentiert. Es müsste meines Erachtens allerdings auch bedacht werden, dass es in jeder Sprache alte Kunstwerke gibt, die heute niemand mehr herstellen könnte, weil sich Sprache und Kultur verändert haben. Dies allein ist also noch kein Beweis für die Göttlichkeit jener Werke. Sonst wären ja die Schriften Shakespeares und Goethes auch ein Beweis für göttliche Inspiration.

b) Der Koran sei ein göttliches Werk, weil er in reinem Arabisch verfasst wurde. Doch auch dieser Schluss ist vorschnell.

Geschichtsforscher haben herausgefunden, dass der Koran viele aramäische, koptische, persische und andere Fremdwörter enthält. So wird etwa das Paradies auf Arabisch korrekt „genna" genannt, aber in anderen Suren wird es auch mit dem persischen „fardus" (siehe Sure 18:107) benannt. Sogar das Wort „Allah" gilt unter Fachleuten meist nicht als ursprünglich arabisch, da es sich sprachwissenschaftlich vom hebräischen „Eloah" herleiten soll. „Koran", „Sure" und „Aya" wiederum sind Lehnworte aus der aramäischen Sprache. Doch auch wenn der Koran kein einziges Fremdwort enthalten würde, wäre das wirklich ein Beweis für seine göttliche Inspiration?

c) Der Koran sei ein himmlisches Werk, weil er in perfektem Arabisch verfasst sei und keine grammatikalischen Fehler enthalte. Eine überraschende Argumentation. Tatsächlich gibt es viele Bücher, die keine grammatikalischen Fehler enthalten. Andererseits ist es gerade der Koran, der eine ganze Reihe von grammatikalischen Unstimmigkeiten enthält, zumal die arabische Grammatik äußerst kompliziert ist.

Beispiel 1: In Sure 7:56 steht, dass Gottes Barmherzigkeit nahe sei. Das Wort „nahe" ist im arabischen Text mit einer männlichen Endung geschrieben, sollte aber weiblich sein, da es sich ja auf „Barmherzigkeit" bezieht („qaribun" anstatt „qaribatun").

Beispiel 2: In Sure 7:160 heißt es: *„Wir[7] haben sie in zwölf Stämme, Nationen aufgeteilt."* Dieser Vers enthält gleich zwei grammatikalische Fehler. Zum einen beinhaltet der arabische Text das Zahlwort 12 in weiblicher Form. Es müsste aber männlich sein, da es sich auf das im Original männliche Wort

7 Oft wird Allah im Koran mit „Wir" bezeichnet.

„Stämme" bezieht. Dieses wiederum sollte gemäß der arabischen Grammatik im Singular stehen, weil jede Zahl über zehn ein Substantiv in der Einzahl nach sich ziehen muss (gemäß den arabischen Grammatikregeln).[8]

Kann man den Koran ein Wunder nennen? Die Tatsache, dass der Koran nur in altem, ursprünglichem Arabisch gelesen werden darf und dass er sogar für Gebildete schwer verständlich ist, verstärkt bei vielen Menschen den Eindruck seines geheimnisvollen, göttlichen Ursprungs. Doch man kann sich ja auch fragen, ob es Gott nicht möglich gewesen wäre, ein leicht verständliches Buch zu schicken. Tatsächlich behauptet der Koran von sich selbst, ein klares und leicht verständliches Buch zu sein (Sure 26:195; 12:2; 43:3). Und das war der Koran für die Araber zur Zeit Mohammeds auch, denn sie wussten, auf welche Situationen die Suren sich bezogen. Heute trennt uns der „garstige Graben der Geschichte" von der Zeit, in der der Koran aufgeschrieben wurde. Nach 1400 Jahren überrascht es, wie wenig dafür getan wurde, den Koran verständlicher und übersichtlicher zu präsentieren. Man könnte fast meinen, es bestehe ein Interesse daran, den Koran als möglichst geheimnisvoll und unverständlich zu positionieren. So kann jeder ihn auslegen, wie es ihm gefällt, und man kann ihn kaum widerlegen. Das ist sicher nicht unbedenklich, zumal auch die Terroristen ihren Nutzen aus dieser Situation ziehen.

---

8 Nasr Hamid Abu Zaid schreibt in „Ein Leben mit dem Islam" (Herder Spektrum, Freiburg im Breisgau, 2001, S. 23): „Ibn Chaldun sagt in seiner ‚Einleitung' (Muqaddima) ganz offen, dass die Zeitgenossen Mohammeds weder richtig schreiben noch lesen konnten. Sie hätten so geschrieben, wie es ihnen gerade in den Sinn kam, ohne feste Regeln. Dennoch wird an ihrer Schreibweise und ihrer Orthografie festgehalten ..."

12. Überraschung: **Der Koran ist gar nicht begeistert von den Arabern**

Heutzutage werden im allgemeinen Sprachgebrauch oft alle Arabisch sprechenden Menschen undifferenziert „Araber“ genannt. Viele dieser Völker sind aber erst später unter dem Einfluss des Islam arabisiert worden. Die ursprünglichen Araber waren Beduinen. Sie waren Bewohner der sogenannten „araba“, was „Wüste/trockenes Land“ bedeutet. Erstaunlicherweise stehen diese im Koran nicht gerade hoch im Kurs, sondern werden häufig kritisiert. An neun von zehn Stellen wird ein negatives Bild von ihnen vermittelt. Zum Beispiel in Sure 9:101: *„Unter den arabischen Beduinen rings um euch her gibt es Heuchelei.“* Oder in Sure 49:14: *„Die Araber sagen: ‚Wir glauben!‘ Antworte: ‚Ihr glaubt (noch) nicht!‘“* Und in Sure 9:97: *„Unter den arabischen Beduinen sind manche (besonders) verstockt in Unglauben und Heuchelei.“*

Jemand, der nur den Koran – und nicht die Hadithe – liest, würde weder auf die Idee kommen, dass die Araber ein überlegenes Volk seien noch dass man die Araber mehr lieben solle als andere Menschen oder dass man seine Gebete unbedingt auf Arabisch aufsagen müsse noch dass das arabische Alphabet, welches ja schon vor Mohammed existierte, eine heilige Schrift sei. Es sind die Hadithe, die diese Gedanken lehren. Zur Zeit der Hadithe-Sammlung existierte bereits ein großes arabisches Reich, und die Herrscher wollten die Religion dazu nutzen, dieses Reich aufgrund der Hochachtung vor der arabischen Sprache und Kultur zu zementieren. Dadurch schufen sie die Grundlage zur Unterdrückung vieler Nichtaraber sowie zur Ausrottung von deren Sprachen und Kulturen. Um nur ein Beispiel zu nennen: Heute sprechen die Kopten in Ägypten nicht länger Koptisch und gelten als Araber.

13. Überraschung: **Der heutige Koran ist nicht der ursprüngliche Koran**

Mohammed selbst hat den Koran nie als Ganzes gesehen, da er erst später zusammengestellt wurde. In den meisten Koranausgaben findet sich im Vorwort ein Hinweis darauf, dass dieses Buch von Othman ibn Affan redigiert worden sei. Damit ist der dritte Kalif (der dritte Nachfolger Mohammeds) gemeint, der die Muslime von 644–656 führte. Gemäß dem Bericht der Hadithe von Al-Bukhari (Band 60, Buch 61, Nr. 510) ließ er abweichende Koranversionen vernichten und behielt nur denjenigen Koran, den er für den richtigen hielt. Die verlorenen Versionen sollen gemäß den Überlieferungen mehr oder auch weniger Suren enthalten haben als der von Othman bevorzugte.

Die meisten Muslime glauben, dass dieser von Othman zusammengestellte Text der Text sei, den wir heute in Händen halten. So einfach ist das allerdings nicht. Tatsache ist, dass noch viel später, bis zum Ende des Osmanischen Reiches, verschiedene arabische Koranversionen im Umlauf waren. Erst 1924 hat die Al-Azhar-Universität in Kairo die Version bestimmt, die heute benutzt wird. Sie hat damit einen bestimmten Konsonantentext und eine einzige Lesart quasi als verbindlich erklärt, obwohl die ältere muslimische Tradition ganze Enzyklopädien über abweichende, aber dennoch anerkannte

Lesarten kennt. Die handschriftlichen Grundlagen dieser Ausgabe sind unbekannt.

Die ältesten Koranfragmente wurden 1972 in der Hauptmoschee von Sanaa im Jemen gefunden. Sie stammen aus dem 8. Jahrhundert und weisen gegenüber der heute verbreiteten Koranversion nicht nur Abweichungen in der Schreibweise auf, sondern kennen auch eine andere Anordnung der Suren.

14. Überraschung: **Die Mekka-Suren im Koran sind vorislamisch**

Die islamische Zeitrechnung beginnt nicht mit der Geburt Mohammeds oder mit der Offenbarung der ersten Sure (Sure 96), sondern mit der sogenannten Flucht (Hidschra genannt) im Jahre 622, als die Muslime von Mekka nach Medina übersiedelten. Das ist eine große Überraschung, bedeutet es doch, dass etwa die Hälfte der Koransuren aus der Zeit vor Beginn des Vollislams stammt. Wie sind diese also zu verstehen? Ibn Hischam, der älteste und anerkannteste Biograf Mohammeds, vertritt die Auffassung, dass die Mekka-Suren einen unvollständigen Islam enthielten. Die Pflicht, in den Heiligen Krieg zu ziehen, sei erst in Medina offenbart worden. Weil diese Pflicht nur für Männer gelte, nannte er den Mekka-Islam den „Islam nach der Frauen Weise".

In der islamischen Theologie kann man tatsächlich immer wieder beobachten, dass die Verse aus der Medina-Zeit stärker gewichtet werden. Dies hat auch mit der erwähnten Lehre der Abrogation (siehe Überraschung 11) zu tun. Nach Sure 2:106

und Sure 16:101 kann Allah Verse in Vergessenheit geraten lassen oder durch bessere ersetzen. Viele Muslime glauben, dass sich dies auf die vor dem Koran offenbarten Bücher – also die Bibel und die Thora – beziehe. Doch der Koran erklärt mehrmals explizit, dass er die früheren Bücher – also Bibel und Thora – bestätigt (z. B. Sure 3:3), ohne die leiseste Kritik an ihnen anzubringen. Mit der Abrogation ist offenbar der Koran selbst gemeint. Dies ist jedenfalls auch die Meinung namhafter islamischer Theologen.

Der Vollislam, so meinen diese Theologen, findet sich also nur in den Medina-Suren. Das kann durchaus eine wichtige Rolle spielen, besonders wenn es um tolerante Verse aus der Mekka-Zeit geht, die durch später offenbarte Kriegsverse ersetzt werden. So soll Sure 109:6 – *„Euch euer Glaube und mir mein Glaube“* (aus einer Mekka-Sure) – und Sure 2:256 – *„Kein Zwang in der Religion“* (aus einer frühen Medina-Sure) – durch spätere Verse abrogiert worden sein wie Sure 9:5 – *„Tötet die Götzendiener, wo immer ihr sie findet, und ergreift sie und belagert sie und lauert ihnen aus jedem Hinterhalt auf“* – und Sure 9:73 – *„O du Prophet! Kämpfe gegen die Ungläubigen und die Scheinheiligen und verfahre mit ihnen hart“* (Sure 9 ist eine der zuletzt offenbarten Suren).

Wer die Lehre der Abrogation ablehnt und alle Suren für gleichwertig hält, müsste eine andere Erklärung dafür finden, dass die islamische Zeitrechnung erst mit der Flucht nach Medina beginnt.

15. Überraschung:
Die Knochen werden wieder zusammengesetzt

„Nein! Ich schwöre beim Tage der Auferstehung.“ So beginnt die 75. Sure. *„Und nein! Ich schwöre bei der sich selbst anklagenden Seele: Glaubt der Mensch, dass Wir* [Allah] *seine Gebeine nicht wieder zusammenfügen können? Ja, fürwahr, Wir sind imstande, (sogar) seine Fingerspitzen wiederherzustellen. Doch der Mensch will einfach weiter vor sich hin sündigen. Er fragt (spöttisch): ‚Wann ist der Tag der Auferstehung?‘ Doch wenn der Blick geblendet wird und der Mond sich verfinstert und Sonne und Mond sich verschmelzen, an diesem Tage wird der Mensch fragen: ‚Wo finden wir Zuflucht?‘ Doch nein, es gibt keine Zuflucht! An diesem Tage endet jede Reise bei deinem Herrn. Verkündet wird dem Menschen an diesem Tage, was er getan und was er versäumt hat. Nein, der Mensch ist ein Beweis gegen sich selbst, auch wenn er seine Entschuldigungen vorbringt.“*

Soweit das Zitat aus der dramatischen ersten Hälfte der 75. Sure, die hier stellvertretend für viele ähnliche Mekka-Suren steht. Darin wird die Auferweckung am Jüngsten Tag typischerweise als Überraschung geschildert. Es mag dem Menschen unmöglich erscheinen, dass Knochen, die über Jahrhunderte vermodert sind, wieder zusammengefügt werden, doch die Überraschung hier ist, dass sogar seine Fingerspitzen wiederhergestellt werden. Dem scheinbar Unmöglichen wird die Allmacht Gottes gegenübergestellt. Demjenigen, der die Welt erschaffen hat, ist nichts unmöglich. Noch spottet der Mensch. Sobald sich am Ende der Tage der Mond verfinstert und Sonne und Mond verschmelzen, wird der Mensch aber verzweifelt Zuflucht suchen, vergeblich umherrennen, denn *„jede Reise endet bei deinem Herrn“*. Das bedeutet, keiner wird dem Gericht Gottes entkommen. Nicht nur die bösen Taten des Menschen werden dann verkündet, sondern auch die guten, welche zu tun er unterlassen hat. Aber nicht Gott wird ihn verurteilen, sondern seine eigenen Worte, egal, wie sehr er versucht, sich herauszuwinden.

16. Überraschung: **Lebensrettende Verse!**

Der Koran erkennt einige Religionen als verwandt an. Er unterscheidet zwischen sogenannten Götzenanbetern (auf Arabisch „Muschrikin") einerseits und denen, die vor den Muslimen bereits göttliche Bücher erhalten haben. Zu Letzteren werden auch wir Christen gezählt. In Bezug auf uns „Buchbesitzer" („ahl el Kutub") gibt es im Koran eine ganze Reihe freundlicher Verse. Einer davon steht in Sure 5:69: *„Siehe, die Gläubigen* [Muslime] *und die Juden und die Sabäer und die Christen – wer da glaubt an Allah und an den Jüngsten Tag und das Rechte tut –, keine Furcht soll über sie kommen und sie sollen nicht traurig sein"* (vgl. auch Sure 2:62). Hier werden die sogenannten Völker der Bücher mit „den Gläubigen", das heißt mit den Muslimen, auf eine Stufe gestellt.

Wenn Sie Christ oder Jude sind, sollten Sie sich diesen Vers merken. Denn wenn Sie eines Tages in die Hände eines Terroristen fallen sollten, dann könnten diese Verse Ihr Leben retten. Ein weiterer Vers, den Sie sich merken sollten, steht in Sure 3:113: *„Sie* [die Christen und Juden] *sind aber nicht alle gleich. Unter den Leuten der Schrift gibt es eine aufrichtige Gemeinde, welche die göttlichen Verse zur Zeit der Nacht liest und* *sich niederwirft. Diese glauben an Allah und den Jüngsten Tag und gebieten das Rechte und verbieten das Unrechte und wetteifern in guten Werken; und sie gehören zu den Rechtschaffenen. Und was sie an Gutem tun, wird ihnen niemals bestritten.“* Noch klarer drückt es der Koran in der Sure 29 aus: *„Streitet nicht mit dem Volk der Schrift, es sei denn auf beste Art und Weise, außer mit jenen von ihnen, die unrecht handeln. Und sprecht: ‚Wir* [die Muslime] *glauben an das, was zu uns herabgesandt wurde* [Koran] *und was zu euch herabgesandt wurde* [Bibel]. *Unser Gott und euer Gott ist ein und derselbe. Und Ihm sind wir ergeben‘“* (Sure 29:46). Sprechen Sie doch mal mit Muslimen in Ihrem Umfeld über diese Verse, und fragen Sie sie, wie sie sie verstehen.

17. Überraschung: **Der Koran weiß, dass Christen den ersten Muslimen Gutes taten**

Inzwischen hat die Beziehung zwischen Christen und Muslimen bereits eine 1400-jährige Geschichte hinter sich. Leider ist sie vielfach von Hass und Blutvergießen befleckt. Als ich die Biografie von Ibn Hischam über das Leben des Propheten Mohammed las, fand ich allerdings zu meiner Freude heraus, dass der Anfang friedlich verlaufen war. Ein Verwandter Mohammeds, der Blinde Waraqa ibn Naufal, der in derselben Stadt wohnte, war Christ. Dieser Mann hatte den Bewohnern von Mekka über viele Jahre vergeblich gepredigt, sie sollten nicht die Götter aus Holz und Stein anbeten, die damals in ihrem religiösen Zentrum, der sogenannten Kaaba, standen. Als der viel jüngere Mohammed ihn plötzlich eifrig in diesem Anliegen unterstützte, freute er sich riesig. Von da an schützte er Mohammed mit seinem Einfluss. Sie blieben bis zum Tod Waraqas befreundet. In den Anfangsjahren des Islam wurde der Druck der heidnischen Mekkaner auf die Muslime so groß, dass viele um ihr Leben fürchten mussten. Siebzig von ihnen entschlossen sich zur Flucht. Mohammed befahl ihnen, in das ferne Abessinien zu gehen, weil dort ein christlicher König regierte, der gerecht sei.[9]

Der afrikanische König nahm die muslimischen Flüchtlinge mit aller Gastfreundschaft auf und schickte die Verfolger aus Mekka, welche von ihm vergeblich die Herausgabe der Muslime forderten, mit leeren Händen zurück. Er stellte den Muslimen alles zur Verfügung, was sie benötigten, und ließ sie später auch wieder zurückkehren, als sie dies wünschten. Man übte keinen Druck auf sie aus, zum Christentum überzutreten.

Deshalb war ich nicht überrascht, als ich in Sure 5:82 las: *„Und du wirst finden, dass den Gläubigen* [Muslimen] *diejenigen am freundlichsten gegenüberstehen, welche sagen: ‚Wir sind Christen', weil unter ihnen Priester und Mönche sind und weil sie nicht hochmütig sind."* In Vers 85 wird den Christen sogar das Paradies versprochen: *„Und Allah hat sie für ihre Worte mit Gärten belohnt, durcheilt von Bächen, ewig darin zu verweilen."*

Ich entdeckte schließlich zu meiner großen Überraschung, dass der Koran mehr als nur eine Art von Muslimen kennt. In Sure 3:52 sagen die Jünger des Propheten Jesus: „Wir sind Muslime." Auch in diesem Vers werden Christen nicht ver-

---

9 Siehe Ibn Hischam: „Das Leben Mohammeds", Kapitel 4. Ibn Hischam lebte von 704 bis 768 und schrieb die älteste Biografie über das Leben des islamischen Propheten. Dieses Standardwerk ist seither unzählige Male herausgegeben worden und gehört zu den heiligen Büchern der Sunniten.

ächtlich genannt, sondern ihr Glaube wird respektvoll auf die gleiche Stufe gestellt wie der islamische.

18. Überraschung: **Der Koran fordert dazu auf, an die Bibel zu glauben**

In Sure 10:94 wird „die Schrift" erwähnt, womit nur die Bibel gemeint sein kann. Deshalb werden auch Juden und Christen oft in einem Atemzug als „das Volk der Schrift" genannt. So etwa in Sure 29:46, wo dann gefordert wird, dass jeder Muslim auch an diese Schrift glauben soll: *„Wir glauben an das, was zu uns herabgesandt wurde und was zu euch herabgesandt wurde."*

Normalerweise spricht der Koran allerdings nicht über die Bibel als Ganzes, sondern hauptsächlich über drei Teile: die Thora Moses, die Zabur (Psalmen) Davids und das Ingil (Evangelium) Jesu. Diese gelten als göttliche Bücher. Der Koran ist nicht etwa gekommen, um sie zu ersetzen oder zu korrigieren, sondern um sie zu bestätigen. So steht in Sure 3:3: *„Er* [Allah] *hat auf dich* [Mohammed] *das Buch* [den Koran] *in Wahrheit herabgesandt, bestätigend, was ihm vorausging. Und Er sandte hinab die Thora und das Evangelium – (schon) zuvor – als eine Rechtleitung für die Menschen; und Er sandte ihnen (den Maßstab zur) Unterscheidung."* In Sure 5:43 wird erklärt, dass „Allahs Gesetz" in der Thora enthalten sei. Und Vers 44 bestätigt ausdrücklich, dass die Thora von Gott selbst komme: *„Siehe, Wir haben die Thora hinabgesandt, in der sich eine Rechtleitung und ein Licht befinden, mit der die gottergebenen Propheten die Juden richteten."* Es fällt auf, dass in diesem

Vers auch die jüdischen Propheten als gottergeben, das heißt muslimisch[10] bezeichnet werden. Somit gilt auch das wahre Judentum als eine Art Islam, trotz aller judenfeindlichen Verse, die es im Koran gibt. Damit stimmt auch Sure 2:62 überein: *„Siehe, die da glauben, auch die Juden und die Christen und die Sabäer – wer immer an Allah glaubt und an den Jüngsten Tag und das Rechte tut, die haben ihren Lohn bei ihrem Herrn. Keine Furcht kommt über sie, und sie werden nicht traurig sein."* Ursprünglich war also der wahre Islam, das heißt die wahre Gottergebenheit, nicht notgedrungen mit Mohammed verknüpft. Gewisse Koranverse lassen vermuten, dass die eigentliche Absicht Mohammeds eher darin bestand, die bereits vorhandene jüdische und christliche Gottergebenheit an die Bedürfnisse der Araber anzupassen.

Gehen wir zurück zur 5. Sure. Vers 46 erklärt: *„Und in ihren Spuren ließen Wir Jesus folgen, den Sohn der Maria, um die Thora, die vor ihm war, zu bekräftigen. Und Wir gaben ihm das Evangelium mit einer Rechtleitung und einem Licht, die Thora, die vor ihm war, bestätigend."* Gleich zweimal wird in diesem Satz betont, dass Jesus nicht kam, um die Thora auszulöschen, sondern um sie zu bestätigen. Sure 5:47 fordert nicht etwa, dass die Christen sich zum Koran bekehren sollen, sondern: *„Und die Leute des Evangeliums sollen nach dem urteilen, was Allah darin herabgesandt hat."* So auch in Vers 66: *„Wenn sie die Thora und das Evangelium befolgten und was zu ihnen von ihrem Herrn herabgesandt wurde, wahrlich, dann speisten sie von dem, was über ihnen und zu ihren Füßen ist."* Und auch Vers 68: *„O Volk der Schrift! Ihr fußt auf nichts, ehe ihr nicht die Thora und das Evangelium befolgt."* Sure 57:27 erzählt: *„Und*

10 Das hier verwendete Wort „muslimun" bedeutet auf Deutsch „gottergeben" oder kann eben auch als „Muslim" verstanden werden.

Wir ließen ihnen Jesus, den Sohn der Maria, folgen und gaben ihm das Evangelium. Und in die Herzen derer, die ihm folgen, legten Wir Güte und Barmherzigkeit."

Nach alledem verblüfft es tatsächlich, dass man immer wieder Muslime antrifft, die der Meinung sind, die Bibel sei verfälscht worden. Damit widersprechen sie den oben zitierten Koranversen. Wenn die Bibel zur Zeit Mohammeds verfälscht gewesen wäre, weshalb wird sie dann im Koran derart gepriesen? Nirgends lesen wir: „Am Anfang waren die Thora, Zabur und Ingil Licht und Leitung, aber heute leider nicht mehr."

19. Überraschung: **Die Schläfer in der Höhle**

Die 18. Sure trägt den Namen „Die Höhle". Sie erzählt in den Versen 9 bis 26 die Geschichte von Jünglingen, welche über eine lange Zeit in einer Höhle schliefen. Auch ein Hund soll bei ihnen gewesen sein. Es handelt sich offensichtlich um einen übernatürlichen Schlaf, der etwa 300 Jahre gedauert haben soll. Die Gruppe hatte offenbar in der Höhle Zuflucht gesucht, um sich vor Verfolgern zu verstecken. Damit sie überleben konnten, ließ Gott sie so lange schlafen, ohne dass sie dies bemerkten. *„Verweilt haben wir einen Tag oder den Teil eines Tages"*, sagen sie zueinander. Als sie endlich aufwachten, wollten sie einen von ihnen mit Silbermünzen in die Stadt schicken, um unbemerkt Essen zu kaufen. Dabei kam es zum großen Staunen darüber, dass sich in der Zwischenzeit alles verändert hatte.

Der Koran weiß nicht genau, wie viele Personen es waren: *„(Manche) werden sagen: ‚(Es waren ihrer) drei, ihr Hund war der vierte von ihnen.' Und (manche) sagen: ‚(Es waren ihrer) fünf, der sechste von ihnen war ihr Hund.'"* So steht es in Vers 22. Auch sucht man vergeblich eine Angabe bezüglich Ort und Datierung des Geschehens.

Auffallend ist die Ähnlichkeit dieser Erzählung mit einer bekannten Geschichte mit dem Titel „Die sieben Schläfer von Ephesus". Sie hat einen christlichen Hintergrund, findet sich aber weder in der Bibel noch in den Apokryphen und soll aus der Zeit der Christenverfolgungen unter dem römischen Kaiser Decius stammen (249–251). Die älteste Version findet sich in den Schriften eines syrisch-aramäischen Bischofs aus dem 5. Jahrhundert namens Jakob von Sarug. Die sieben Jünglinge sollen mit ihrem Hund in der Höhle eingemauert worden sein, damit sie verhungern. Dadurch, dass sie dann so lange schliefen, konnten sie aber dem Tod entgehen und wachten in einem neuen Zeitalter auf, als das ganze Volk bereits christianisiert geworden war.

In Anlehnung an diese Geschichte gilt der 27. Juni in einigen christlichen Kirchen bis heute als der sogenannte Siebenschläfertag. Manche Muslime glauben, dass der beteiligte Hund namens ar Radim eines der wenigen Tiere sei, die im Himmel sein werden. Zudem soll es in islamischen Ländern zu Ehren jener Schläfer mehrere Pilgerstätten geben, wo Millionen nach den Regeln des Volksislam hingehen, um besonders wirksame Gebete zu sprechen. Mir hat diese Geschichte einfach nochmals bestätigt, wie eng die ursprüngliche Verbindung zwischen dem Koran und der christlichen Kultur war.

20. Überraschung: **Maria ist die einzige Frau, die im Koran namentlich genannt wird**

Wer im Fernsehen oder auf YouTube die Hassreden gewisser Extremisten gegen Christen hört, der erwartet sicher nicht, dass im Koran so viele positive Verse über die Nachfolger Jesu und deren heiliges Buch zu finden sind. Das war auch für mich eine freudige Überraschung. Immerhin handeln mehr als hundert Koranverse von Isa, also von Jesus.

Zu meiner großen Freude entdeckte ich, dass der Koran nicht nur mit großem Respekt von Jesus, sondern auch von Maria, seiner Mutter, spricht. Sie ist im gesamten Koran die einzige Frau, die mit Namen genannt wird. Schon dadurch fällt sie auf. Während wir anderswo nur von der „Frau Adams", der „Frau Ibrahims"[11] und den „Frauen des Propheten"[12] lesen, wird Maria kein einziges Mal ohne ihren eigenen Namen erwähnt. Eine ganze Sure, nämlich die 19., trägt sogar ihren Namen. Maria gilt im Islam als Prophetin. Damit wird ihr eine einzigartige Ehre zugeschrieben. Und genau dies wird in Sure 3:42 auf verblüffende Art und Weise bestätigt: *„O Maria! Wahrlich Allah hat dich auserwählt und gereinigt und vor den Frauen aller Welt erwählt."* Das Besondere an Maria ist, dass sie Jesus durch ein Wunder empfangen und geboren hat. Sure 23:50 und 21:91 erklären, dass Maria und ihr Sohn ein „Zeichen für die Welt" seien. Keine andere Frau hat jemals, weder vorher noch nachher, ohne das Zutun eines Mannes einen Sohn empfangen und in diese Welt geboren. Deshalb wird auch dieser Sohn im Koran mit Vorliebe „Sohn der Maria" genannt.

---

11 Abraham

12 Sure 7:19; 7:83; 66:1; 66:10

Es ist und bleibt eine große Überraschung, dass im Koran nicht etwa Eva, die Mutter aller Menschen, nicht etwa Hagar, die Mutter Ismaels, auch nicht Aisha, die Lieblingsfrau Mohammeds, und nicht einmal Amina bint Wahb, die Mutter des arabischen Propheten, sondern Maria, die Mutter Jesu, über alle anderen Frauen der Welt gestellt wird.

21. Überraschung: **Auch die Geburt Johannes des Täufers wird im Koran als Wunder erzählt**

Ebenfalls durch ein Wunder wurde Johannes (Yahya) geboren. Die Geschichte seiner Geburt findet sich in Sure 3:38 ff. Demnach stand Zacharias, ein jüdischer Mann, vor Gott im Tempel und betete um „gute Nachkommen“. Zu seiner großen Überraschung kündigten ihm Engel einen Sohn an, den er Johannes nennen sollte. Obwohl er so mutig gebetet hatte, fiel es ihm dann doch nicht leicht, diesen Worten Glauben zu schenken, sodass er ausrief: *„Mein Herr, wie soll ich einen Jungen erhalten, wo das Alter über mich gekommen und meine Frau unfruchtbar ist?“* Das Wunder der Geburt des Johannes wird durch das Erstaunen von Zacharias und seine Bestrafung durch die zeitweilige Sprachlosigkeit noch unterstrichen. Trotz seines Unglaubens gilt Zacharias als „Rechtschaffener“. Dasselbe gilt in noch stärkerem Maß für seinen Sohn Johannes (3:39). Im selben Vers lesen wir, dass Johannes ein Asket sei. Genauere Details berichtet der Koran zwar nicht, doch ist Johannes der einzige Asket, der im Koran ausdrücklich als solcher bezeichnet wird. Zudem hat er einen geheimnisvollen Sonderauftrag: Er ist der *„Bestätiger* *eines Wortes von Allah"* (Sure 3:39). Was könnte damit wohl gemeint sein?

Die Antwort auf diese Frage finden wir sechs Verse später (45). Dort künden nämlich die Engel eine zweite, noch wundersamere Geburt an: die Geburt Jesu. Und wieder sind geheimnisvolle Worte im Spiel: *„Als die Engel sprachen: ‚O Maria! Wahrlich, Allah verkündet dir (frohe Botschaft) durch ein Wort von Ihm: (einen Sohn), sein Name ist Messias, Jesus, der Sohn der Maria ...'"*

Das Wort, das Maria verkündet wird, hat also einen Namen: Jesus. Im arabischen Urtext klingt das noch erstaunlicher, da „Wort" (kalima) weiblich und Jesus männlich ist. Wenn wir statt „Wort" ein Synonym mit weiblichem Artikel, zum Beispiel „Vokabel", schreiben, wird auch in der deutschen Version die Spannung besser erkennbar: „Allah verkündet dir eine Vokabel: Sein Name ist Jesus."

Ähnlich steht es auch in Sure 19:34: *„So war Jesus, Sohn der Maria – eine wahre Aussage, die sie*[13] *bezweifeln"*, und in Sure 5:171: *„Der Messias Jesus, der Sohn der Maria, war ein Gesandter Allahs und Sein Wort, das Er der Maria entbot."*

Deshalb trägt Jesus im Islam den Titel „kalimat Allah", das heißt „das Wort Gottes". Wir finden hier eine offene Tür für den Dialog zwischen Christen und Muslimen, denn auch in der Bibel wird Jesus „Wort Gottes" genannt (nachzulesen in Johannes 1,1 ff.).

Die beiden Spezialaufträge des Johannes sind also sowohl im Koran als auch in der Bibel die gleichen: Er lebte als Asket und er bestätigte „ein Wort von Gott".

---

13 Es geht aus dem Text nicht ganz klar hervor, wer mit „sie" gemeint ist, das Pronomen bezieht sich aber wohl auf Gegner Jesu.

22. Überraschung: **Der Geist Gottes war bei der Zeugung Jesu beteiligt**

Über die Geburt Jesu berichtet Sure 19:17 ff., die Sure der Maria. Zu ihr kam eines Tages ein Engel in der Gestalt eines Mannes. Er erklärte: *„Ich bin nur ein Bote deines Herrn, um dir einen lauteren Sohn zu bescheren."* Eine solche Ankündigung hatte Maria nicht erwartet. Schließlich hatte sie noch *„kein Mann berührt"*. *„Und so empfing sie ihn"*, heißt es in Vers 22. In Sure 66:12 wird dieser Vorgang noch etwas genauer beschrieben: *„Darum hauchten Wir von Unserem Geist in ihn*[14] *ein"* (ähnlich auch in Sure 21:91). Weil auch Adam keinen irdischen Vater hatte, ist in einem gewissen Sinn die Geburt Jesu mit der Schöpfung Adams vergleichbar (siehe Sure 3:59). Im Unterschied zu Adam wurde Jesus jedoch nicht direkt aus Erde erschaffen, sondern als Gottes Geist in Maria eingehaucht.

Wie wir schon gesehen haben, wird die Geburt Jesu im Koran mehrmals als *„Zeichen für die ganze Welt"*[15] bezeichnet. Wir müssen uns fragen, worauf Gott die ganze Welt mit diesem Zeichen aufmerksam machen wollte. Was oder wer ist dieser Geist, der in sie eingehaucht (Sure 66:12) und zu Jesus wurde?

„Ruhallah", das heißt „Geist Gottes", ist neben „kalimatallah" (das bedeutet „Wort Gottes") einer der Titel, die Jesus im Islam trägt. Damit wird eine zweite, himmlische Dimen-

---

14 Die meisten Übersetzer schreiben „in sie ein", doch im arabischen Urtext heißt es „in ihn ein". Gemeint ist jedenfalls Maria, obwohl diese Unstimmigkeit bei den Kommentatoren zu vielen Diskussionen geführt hat.

15 Im Arabischen steht die Mehrzahlform „Zeichen für die Welten", womit ausgedrückt wird, dass alle Menschen, die jemals irgendwo gelebt haben, auf dieses Zeichen achthaben sollen.

sion in seinem Leben anerkannt. In der Bibel trägt Jesus zwar nicht den Titel „Geist Gottes", dort finden wir aber einen anderen Titel, der etwas ganz Ähnliches aus einer anderen Perspektive ausdrückt: Jesus nennt sich dort selbst mehrmals „Menschensohn". Damit soll gesagt werden, dass er von allen Engeln und geistlichen Wesen der Einzige ist, der wirklich Mensch geworden ist. „Ruhallah" wiederum bezeichnet den einzigen Menschen, der schon zuvor als geistliches Wesen im Himmel existiert hat. Er wurde also nicht in Maria aus dem Nichts geschaffen, sondern in sie verpflanzt. So wurde Jesus, wenn wir gewissen Koranstellen Glauben schenken, aus dem Himmel auf die Erde versetzt.

23. Überraschung: **Nach Aussage des Korans war Jesus ein Mensch ohne Fehler**

In Sure 19:19 steht, dass der Sohn der Maria „lauter" beziehungsweise „rein" sein werde. Im Glauben daran, dass Jesus ohne Sünde war, sind sich Christen und Muslime einig. Im Islam wird diese Lehre nicht nur durch Sure 19:19, sondern auch durch einige Aussprüche (Hadithe) des Propheten Mohammed unterstützt. Er erklärt dort, dass jeder Mensch, der in diese Welt geboren wird, von Satan mit der Sünde gestochen wird, außer Jesus, der Sohn der Maria, weil dieser vom Erzengel Gabriel mit seinen Flügeln beschützt worden sei.[16]

Dies ist auch die Sicht des Neuen Testamentes. Im Hebräerbrief 4,15 steht: „Er [Jesus] wurde in allem versucht

16 Siehe Sahih Muslim: „Fada'il", S. 167. Dieses Werk ist ein Teil der sogenannten Hadithe, die bei den Sunniten als heilige Bücher gelten.

gleichwie wir, doch ohne Sünde." Im Islam ist es wichtig, alle Propheten zu respektieren. Viele Muslime respektieren die Gesandten Gottes sogar so sehr, dass sie diese als unfehlbar betrachten.

In der Bibel dagegen werden Gottesmänner bei allem Respekt als Menschen mit Schwächen beschrieben, die durchaus auch Fehler begehen. Eigentlich ist das auch im Koran so. Die einzige Ausnahme bildet der Sohn der Maria, der aus dem Himmel gekommene „Geist Gottes", der gemäß Sure 66:12 in Maria eingehaucht worden war. Von ihm wird ausdrücklich gesagt, er sei „rein" gewesen. Dies ganz im Gegensatz zu allen anderen Menschen. Schon in der ältesten Sure (96), die der Koran enthält, wurde Mohammed gesagt: *„Doch nein! Der Mensch ist wahrlich rebellisch."* Dann wird das Grundübel, das schon Adam einst zu Fall gebracht hatte, gleich beim Namen genannt: *„Weil er auf niemand angewiesen zu sein glaubt"* (Verse 6–7).

Als Gott den Engeln vor Urzeiten zum ersten Mal seinen Plan mitteilte, auf der Erde Menschen zu erschaffen und sie als Verwalter einzusetzen, waren diese gemäß einer Erzählung aus Sure 2:30 alles andere als begeistert: *„Willst Du auf ihr* [auf der Erde] *einen einsetzen, der auf ihr Verderben anrichtet und Blut vergießt?"*, fragten sie. Sie sahen also schon die Sündhaftigkeit der Menschen voraus. Ganz ähnlich sagt auch die Bibel: „Es ist keiner gerecht, auch nicht einer" (Römer 3,10).

24. Überraschung: **Der Koran beschreibt, wie Jesus seinen Jüngern einen gedeckten Tisch aus dem Himmel gab**

Die 5. Sure trägt den Namen „Der Tisch". Gegen Ende der Sure wird von einer ganzen Reihe an Wundern berichtet, die Jesus vollbracht hat. Dennoch glaubten viele nicht an Jesus, sondern bezichtigten ihn der Zauberei, wie Vers 110 berichtet. Die Jünger folgten Jesus nach, baten ihn aber noch um ein weiteres Wunder. Dieses sollte in ganz besonderer Weise geeignet sein, ihre Herzen zur Ruhe zu bringen (Vers 113). Was dann geschah, ist ein Wunder, von dem in der Bibel nicht berichtet wird, das mich aber dennoch fasziniert. Gott sandte einen gedeckten Tisch aus dem Himmel und es gab ein Festessen. Danach soll Gott gedroht haben: *„Wer danach noch ungläubig ist, den werde Ich wahrlich mit einer Strafe strafen, wie Ich keinen aus aller Welt strafen werde"* (Vers 115).

Da stellen sich nun mindestens zwei Fragen: Weshalb war dieses Essen in ganz besonderer Weise geeignet, die Herzen der Jünger zur Ruhe zu bringen? Und: Warum ist es ausgerechnet dieses Wunder, das die strengste Strafe nach sich zieht, wenn man danach nicht glaubt? Ich stelle mir die Jünger vor, wie sie aßen, und viele Leute drängten herzu, um auch etwas von diesem Tisch zu erhaschen. Denn es war himmlische Nahrung. Wer davon aß, hatte ein Stück des Paradieses in sich aufgenommen und kam zur Ruhe. Er brauchte sich nicht mehr zu fürchten. Weder Teufel noch Hölle hatten nun noch Macht über ihn, denn er hatte ja das ewige Leben in sich.

Diese Geschichte veranschaulicht für mich auf eindrückliche Weise, dass der Messias das ewige Leben in diese Welt gebracht hat. Er vollbrachte zwar noch viele andere Wunder, aber das eigentliche Ziel seines Kommens wird uns in diesem Wunder vor Augen geführt: Er kam, um ein Stück des Himmels auf diese Erde zu bringen. Er selbst ist es, der den Himmel verlassen hat, um den Menschen Frieden zu bringen. In Sure 19:33 sagt Jesus: *„Friede ist auf mir am Tag meiner Geburt, am Tag meines Todes und am Tag meiner Auferstehung."* Nicht von ungefähr lehrt der Islam, dass es der Messias ist, der zurückkommen und die Menschen richten wird.[17] Das Gericht entscheidet sich aber schon zu unseren Lebenszeiten: Wer das ewige Leben, das der Messias in unsere verlorene Welt bringt, isst beziehungsweise annimmt, der ist gerettet. Wer es nicht annimmt, der ist verloren.

Auch im Evangelium wird eine vergleichbare Paradiesspeise erwähnt. In Johannes 6,32 sagt Jesus: „Mein Vater gibt euch das wahre Brot vom Himmel." Dann ergänzt er diesen Satz mit den wunderbaren Worten: „Wer zu mir kommt, wird nicht hungern; und wer an mich glaubt, den wird nimmermehr dürsten" (Vers 35). Wegen dieser Aussage wurden viele Juden zornig, „weil er gesagt hatte: ‚Ich bin das Brot, das vom Himmel herabgekommen ist'" (Vers 41).

---

17 siehe die Hadithe von Sahih al-Bukhari, *anbiya*, S. 49

25. Überraschung: Jesus heilt Blinde und Leprakranke

Eine Art von Wunder, die der Messias nach Aussage von Sure 5:110 vollbrachte, ist die Heilung blind geborener Menschen. Dabei wird im Arabischen in auffälliger Weise ein starkes Wort benutzt, das nicht einfach „blind", sondern „blind geboren" bedeutet. Damit wird ausgedrückt, dass es sich um besonders schwierige, hoffnungslose Fälle handelt.

Ganz korrekt übersetzt sagt der Koran nicht, Jesus habe Blinde „geheilt", sondern „gereinigt". Viele Menschen glaubten früher, dass Blinde ihr Augenlicht als Strafe für begangene Sünden verloren hätten. Somit war die Blindheit mehr als nur eine Krankheit. Sie galt als ein Zeichen von Unreinheit vor Gott. Die dahinterstehende Idee ist wohl, dass der Blick dieser Menschen durch ihre Vergehen getrübt wurde. So dachten auch die Jünger Jesu. Im Johannesevangelium, Kapitel 9, Vers 1 lesen wir, dass sie „beim Vorübergehen" einen „Blindgeborenen" sahen. Prompt fragten sie Jesus: „Rabbi[18], wer hat gesündigt, dieser oder seine Eltern, dass er blind geboren ist?" Der Messias erwiderte: „Weder dieser hat *gesündigt* noch seine Eltern, sondern damit die Werke Gottes an ihm offenbar würden! Ich muss die Werke dessen wirken, der mich gesandt hat, solange es Tag ist." Jesus spie dann auf die Erde, machte einen Brei und strich ihn auf die Augen des Blinden. Mit dieser Antwort eröffnet uns Jesus einen tiefen Blick in sein Herz: Er ist nicht gekommen, um Menschen zu verurteilen, sondern um ihre Probleme zu lösen.

---

18 „Meister" oder „Lehrer"

Aber nicht Blindheit, sondern Lepra galt im Altertum als die schlimmste aller Krankheiten. Diese wurde noch viel stärker als eine Folge von Sünde betrachtet. Man konnte sich nicht vorstellen, dass einem Menschen ohne Grund ganze Körperteile abfaulten. Deshalb ging man davon aus, dass Leprakranke früher gegen Gott und die Mitmenschen gefühlslos gewesen sein mussten. Deshalb verloren sie als Folge die Fähigkeit, in ihren Gliedern zu fühlen.

Die Kranken wurden in dramatischer Weise aus ihren Familien und jeder anderen menschlichen Gemeinschaft ausgeschlossen. Dies geschah nicht nur, weil Lepra als ansteckend galt, sondern vor allem, weil die Befallenen als religiös unrein angesehen wurden. Mit den heutigen Medikamenten kann man Lepra aufhalten, aber nicht heilen. Von Jesus steht jedoch in Sure 5:110, dass er den Leprakranken geheilt, respektive „gereinigt" habe. Damit bestätigt der Koran die Aussagen der Bibel, denn in Matthäus 8,2 lesen wir: „Und siehe, ein Aussätziger kam, fiel vor ihm nieder und sprach: ‚Herr, wenn du willst, kannst du mich reinigen.' Und Jesus streckte die Hand aus, rührte ihn an und sprach: ‚Ich will; sei gereinigt!' Und alsbald ward er von seinem Aussatz rein."

Einen Aussätzigen zu reinigen bedeutet mehr, als nur einen Kranken zu heilen. Es beinhaltet, dass man auch die Unreinheit und damit die Sünde überwindet. Entsprechend sagt Jesus bei einer anderen Gelegenheit auch ganz direkt zu einem Kranken: „Sohn, deine Sünden sind dir vergeben!" (Markus 2,5).

26. Überraschung:
Jesus kann Tote auferwecken

„Ich belebe die Toten mit Allahs Erlaubnis“, erklärt Jesus in Sure 3:49. Damit überwindet er den größten Feind, vor dem sich die Menschen seit Jahrtausenden fürchten.

In der Bibel lesen wir ein eindrückliches Beispiel dafür: In einer Stadt namens Nain lebte eine Witwe. Ihr einziger Sohn war alles, das ihr noch geblieben war. Eines Tages wurde ausgerechnet dieser krank und starb. Nun musste sie auch ihn zu Grabe tragen. Hilfe suchend schaute sie um sich, ob vielleicht irgendjemand da wäre, der ihr sagen könnte, dass alles nur ein böser Traum gewesen sei. Doch alle wichen ihrem Blick aus. Nur die Augen eines einzigen Menschen hielten ihr stand. Voller Mitleid und Erbarmen blickte dieser Unbekannte sie an und sagte zu ihr: „Weine nicht!“ Dann trat er näher, berührte den Sarg und sprach: „Jüngling, ich sage dir, stehe auf!“ Sogleich setzte sich der Tote auf und begann zu reden. Dann heißt es: „Und Jesus gab ihn seiner Mutter.“ Was für ein Augenblick! „Da wurden sie alle von Furcht ergriffen und priesen Gott und sprachen: ‚Ein großer Prophet ist unter uns aufgestanden!‘“[19]

An anderer Stelle erklärt Jesus: „Ich bin die Auferstehung und das Leben; wer an mich glaubt, wird leben, auch wenn er gestorben ist; und jeder, der da lebt und an mich glaubt, wird nicht sterben in Ewigkeit“ (Johannes 11,25).

---

19 nachzulesen in Lukas 7,11 ff.

27. Überraschung: **Jesus blies in einen Vogel aus Ton und erweckte ihn so zum Leben**

In Sure 3:49 sagt Jesus: *„Siehe, ich komme mit einem Zeichen von eurem Herrn zu euch. Wahrlich, ich will euch aus Ton die Gestalt eines Vogels formen und in sie hauchen. Und mit Allahs Erlaubnis soll sie ein Vogel werden."* Die Erschaffung dieses Vogels erinnert an die Schöpfung Adams in den ersten Versen der Bibel. Gemäß der jüdischen Thora waren Pflanzen, Bäume und Tiere auf Gottes Befehl hin entstanden. Nicht aber der Mensch. Ihn formte Gott *„aus Staub vom Erdboden und hauchte in seine Nase Atem des Lebens"*. Laut Sure 3:49 erschuf nun Jesus einen Vogel nach genau dem gleichen Muster. Wenn wir den arabischen Urtext lesen, entdecken wir dazu noch eine verblüffende Tatsache. Es heißt dort nämlich, Jesus habe gesagt, er wolle den Vogel „erschaffen" oder „schöpfen".[20] Dieses Wort ist derart erstaunlich, dass manche Koranübersetzer sich gar nicht trauen, es korrekt wiederzugeben. So ersetzt etwa Henning[21] „schöpfen[22]" durch „formen". Denn „schöpfen" erinnert an den „Schöpfer" und dies ist einer der Namen Allahs. Warum wird wohl dieser Ausdruck hier und auch in der Parallelstelle in Sure 5:110 benutzt?

Der Vers will wohl ausdrücken, dass Jesus gekommen ist, um eine Neuschöpfung zu machen. Jesus erschafft den Vogel in zwei Schritten: Zuerst wird der Leib geformt und dann der Geist eingehaucht. Menschen, die Gott nicht kennen, gleichen diesem leblosen Körper. Es fehlt ihnen noch das Ein-

---

20 arabischer Text: „Akhluqu lakum" = „Ich schöpfe für euch"

21 Max Henning: „Der Koran", überarbeitet von Murad Wilfried Hofmann, München, Diederichs Verlag, 1999.

22 „schöpfen" hier im Sinne von „erschaffen"

hauchen des Geistes. Doch wenn sie sich von Jesus Leben einhauchen lassen, „fliegen“ sie plötzlich gleichsam mühelos davon und sind wie erneuerte Menschen. In Johannes 3, Vers 7 sagt Jesus: „Wundere dich nicht, dass ich dir sagte: ‚Ihr müsst von Neuem geboren werden.‘ Der Wind weht, wo er will, und du hörst sein Sausen, aber du weißt nicht, woher er kommt und wohin er geht; so ist jeder, der aus dem Geist geboren ist.“

28. Überraschung: **Wurde Jesus gekreuzigt oder nicht?**

In Sure 4:157 lesen wir: *„Sie töteten ihn nicht und kreuzigten ihn nicht, sondern es erschien ihnen nur so.“* Damit wenden wir uns einem der größten Zankäpfel zwischen Christen und Muslimen zu. Während für Christen das Kreuz Jesu grundlegend und zentral ist, scheint es für Muslime undenkbar, dass Gott seinen geliebten Propheten in die Hand von Sündern gibt, damit er einen derart schrecklichen Tod stirbt. Es ist für sie schwer zu verstehen, dass Christen ihren geliebten Jesus unbedingt am Kreuz sehen wollen. Allerdings gehen auch unter Muslimen die Meinungen über das, was damals wirklich geschehen ist, auseinander, weil dieser Koranvers keine genauen Angaben macht: *„Es erschien ihnen nur so.“* Das kann vieles bedeuten. Meistens wird angenommen, Gott habe Judas oder einem anderen Verbrecher das Gesicht Jesu gegeben und dann sei der an dessen Stelle gekreuzigt worden. Doch mit dieser Auslegung sind viele Fragen verbunden: Wer das glaubt, setzt voraus, dass Gott die Menschen belügt.

Wenn Gott wirklich die Gesichter verschiedener Menschen vertauscht, wie können wir dann sicher sein, dass die Menschen, mit denen wir zusammenleben, wirklich die sind, deren Gesicht sie tragen, und nicht jemand anderes?

Nehmen wir den Vers 4:157 einmal genauer unter die Lupe. Dort steht: *„Und weil sie* [die Juden] *sprachen: ‚Siehe, wir haben den Messias Jesus, den Sohn der Maria, den Gesandten Allahs, getötet' – doch sie töteten ihn nicht und kreuzigten ihn nicht, sondern es erschien ihnen nur so."*

Wie ein Blick auf den Kontext zeigt, geht es in diesem Vers in erster Linie um die Auseinandersetzung mit den Juden. Der Vers will wahrscheinlich gar keine Aussagen darüber machen, ob Jesus getötet wurde oder nicht. Er sagt nur, dass „sie", das heißt die Juden, ihn nicht töteten. Bei Todesstrafen steinigten die Juden, sie kreuzigten nicht. Nur die Römer durften kreuzigen. Wie die Evangelien berichten, versuchten die Juden viele Male, Jesus zu töten, aber es gelang ihnen nicht. Genau an diesen Punkt knüpft anscheinend die Passage rund um Sure 4:157 an: Ebenso wie die Juden Jesus hassten und zu steinigen versuchten, drohten sie 600 Jahre später auch dem Propheten aus Mekka. Sie rühmten sich damit, Jesus umgebracht zu haben, um Mohammed Angst einzujagen. Diese Verse im Koran sind eine Antwort auf ihre Drohungen.

Wenn der Koran wirklich die Kreuzigung Jesu abstreiten wollte, dann hätte er eine derart wichtige Lehre wohl an mehreren Stellen deutlich wiederholt. Am Ende steht noch: *„Sie kreuzigten ihn mit Gewissheit nicht. Ganz im Gegenteil: Allah erhöhte ihn zu Sich; und Allah ist mächtig und weise."* Tatsächlich wird auch in der Bibel das, was am Kreuz Jesu geschah, als göttliche Weisheit bezeichnet – aber als Torheit für die Welt (1. Korinther 1,20-24). Wer bei der Annahme bleibt, dass Jesus nicht am Kreuz starb, der schafft damit einen Widerspruch innerhalb des Korans. Nicht weniger als drei Verse berichten unmissverständlich vom Tod Jesu. So der bereits zitierte Satz aus Sure 19:33: *„Friede ist auf mir am Tage meiner Geburt, am Tage meines Todes und am Tage meiner Auferstehung."* Es wäre doch eigenartig, dass ausgerechnet Jesus diesen Satz sagt, wenn der Koran lehren wollte, dass Jesus gar nicht gestorben und auferstanden ist.

Und wie ist Sure 5:117 zu erklären? Dort sagt Jesus zu Allah: *„Seitdem Du mich sterben*[23] *ließest, bist Du ihr Wächter."* Das Gleiche findet sich auch in Sure 3:55: *„Damals sprach Allah: ‚O Jesus! Ich will dich verscheiden lassen und zu Mir erheben.'"*

Der Koran lehrt in Übereinstimmung mit den Evangelien den Tod Jesu. Einmütigkeit besteht auch darin, dass die Kreuzigung nicht durch die Juden durchgeführt wurde. Und beide bezeichnen diesen geheimnisvollen Vorgang als „göttliche Weisheit".

29. Überraschung: Jesus konnte schon als Neugeborener sprechen

Jesus hat eines der vier grundlegenden Bücher Gottes auf die Erde gebracht: das Injil – das Evangelium. So lehrt es der Koran. Auch andere Propheten haben Bücher gebracht und dies gilt immer als ein Wunder Gottes. Doch ist Jesus anders als alle diese Propheten. Er hat nämlich nicht nur das Wort Gottes gebracht, sondern wird selbst als „Wort Got-

23 „Tawaffaitini" bedeutet unmissverständlich: „Du hast mich sterben lassen."

tes“ bezeichnet. „Kalimat Allah“, das heißt „Wort Gottes“, ist einer seiner offiziellen Namen. Sure 3:46 sagt vom Messias: *„Er wird in der Wiege und im Mannesalter zu den Menschen reden.“* Damit ist noch einmal eine besondere Eigenschaft Jesu‘beschrieben, die keinem anderen Propheten eigen ist. Laut dem Geburtsbericht in der Sure der Maria hielt Jesus den Menschen schon an seinem ersten Lebenstag eine Rede, um seine Mutter gegen die Verdächtigungen der Mitmenschen zu verteidigen. Damit ist angedeutet, dass die Worte Jesu sein ganzes Leben lang keine gewöhnlichen Worte waren, sondern als ein Wunder Gottes betrachtet werden sollen.

Nach Sure 19:24 ff. soll Jesus seiner nach der unehelichen Geburt erschöpften Mutter folgende Worte gesagt haben: *„Sei nicht traurig; dein Herr hat ja unter dir ein Bächlein geschaffen. Und schüttle zu dir den Palmenstamm, so lässt er frische, reife Datteln auf dich herabfallen. So iss und trink und sei frohen Mutes.“*

Der Koran weiß nichts von Josef, dem verlobten Beschützer der Maria. Er stellt sich deshalb die Geburt der Maria als ein einsames Ereignis vor und dass Maria sich danach davor fürchtete, mit ihrem unehelichen Kind Menschen zu begegnen. Mit seinen Worten soll der Neugeborene die Situation gerettet haben: *„Dann kam sie mit ihm zu ihrem Volk, ihn (mit sich) tragend. Sie sagten: ‚O Maryam, du hast da ja etwas Unerhörtes begangen. O Schwester Hārūns*[24]*, dein Vater war doch kein sündiger Mann, noch war deine Mutter eine Hure.‘ Da zeigte sie auf ihn. Sie sagten: ‚Wie können wir mit jemandem sprechen, der noch ein Kind in der Wiege ist?‘*

24 „Harun“ ist die arabische Form von „Aaron“.

Er sagte: ‚Ich bin wahrlich Allahs Diener; Er hat mir die Schrift gegeben und mich zu einem Propheten gemacht. Und gesegnet hat Er mich gemacht, wo immer ich bin, und angeordnet hat Er mir, das Gebet (zu verrichten) und die Abgabe (zu entrichten), solange ich lebe, und gütig gegen meine Mutter zu sein. Und Er hat mich weder gewalttätig noch unglücklich gemacht. Und der Friede sei auf mir am Tag, da ich geboren wurde, und am Tag, da ich sterbe, und am Tag da ich wieder zum Leben auferweckt werde.‘ Das ist ‘Īsā, der Sohn Maryams: (Es ist) das Wort der Wahrheit, woran sie zweifeln.“

30. Überraschung: Jesus kennt die verborgenen Sünden

„Und ich werde euch Kunde geben von dem, was ihr in euren Häusern esst und aufspeichert (ohne es gesehen zu haben)“, sagt Jesus im letzten Teil des Verses aus Sure 3:49. Dieser Vers ist nicht so ohne Weiteres verständlich. Er bezieht sich auf eine Geschichte, die seinerzeit offenbar sehr bekannt war. Darin ist von einigen Juden die Rede, die insgeheim verbotene Speisen gegessen und Schätze in ihren Truhen angesammelt haben sollen, anstatt den Zehnten in den Tempel Gottes zu bringen. Niemand bekam etwas davon mit, außer Jesus. Denn er kannte die verborgenen Sünden der Menschen.

Der Koran sagt es zwar nirgends explizit. Aber es ist wohl die Aussage in Vers 3:49, auf die sich die allgemeine islamische Lehre stützt, dass es am Ende der Welt Jesus und nicht etwa ein anderer Prophet sein wird, der die Menschen richten wird. Er hat den entscheidenden Vorteil gegenüber jedem anderen Richter: Er weiß auch das, was wir Menschen im Geheimen tun.

Was will der Koran damit sagen, wenn er Jesus eine ganze Reihe göttlicher Eigenschaften zuschreibt: gesunde Augen und Vögel zu erschaffen, Tote aufzuerwecken, Krankheiten zu heilen und der letzte Richter aller Menschen zu sein? Was auch immer die Antwort sein mag: Als Christ finde ich derartige Beobachtungen im Koran überraschend positiv.

31. Überraschung: **Muslime sollen an die jüdischen Gesandten glauben**

Sure 4:136b behauptet: *„Wer nicht an Allah und Seine Engel und Seine Bücher und Seine Gesandten und an den Jüngsten Tag glaubt, der ist weit abgeirrt.“* Diese fünf Begriffe umschreiben die Welt, in der jeder Muslim lebt. Er rechnet täglich mit dem Übernatürlichen und bereitet sich auf das Letzte Gericht vor.

Was uns nun interessiert, ist Nummer 4 aus dieser Liste: „Seine Gesandten“. Damit sind die im Koran genannten Propheten gemeint, welche größtenteils auch in der Bibel vorkommen. Es genügt also nicht, an Mohammed zu glauben. Auch Abraham, Moses, David, Jesus und andere gehören dazu. Dies haben mir unzählige Muslime immer wieder versichert. Wer nicht an sie glaubt, ist kein Muslim. Doch wie soll man an sie „glauben“? Es ist klar, dass die Propheten keine Halbgötter sind, aber nach der Überzeugung der meisten Muslime sind sie doch fehlerlos. Es wäre in ihren Augen respektlos, ihnen Fehler zuzuschreiben. Überraschend ist aber, dass der Koran kein Problem damit hat, über die Fehler und

Sünden der Propheten zu reden. Nur Jesus war nach Aussage des Korans sündlos, wie wir schon gesehen haben. Sogar Mohammed wird von Gott zurechtgewiesen und mehrmals dazu aufgefordert, um Vergebung zu bitten (Sure 80:1-12; Sure 40:55; Sure 110:3; Sure 47:19). Schlussendlich wird er in Sure 18:110 sagen: *„Ich bin ja nur ein Mensch wie ihr."*

32. Überraschung: **Wo die Bücher der Propheten zu finden sind**

Man soll aber nicht nur an die Propheten „glauben", sondern auch an ihre Bücher (siehe den erwähnten Vers aus Sure 4:136), denn was sollten Propheten ohne Bücher sein, die ihre Prophetien enthalten? Doch wo sind diese Bücher? Der Koran ist nur *ein* Buch. Befohlen wird aber der Glaube an *Bücher* (Plural). Als Mohammed einst von Zweifeln geplagt wurde, sagte ihm Allah, er solle diejenigen fragen, welche die Bücher vor ihm lasen. Christen und Juden werden im Koran oft „Völker der Bücher" genannt. Ausdrücklich werden Thora, Zabur und Ingil[25] als Bücher erwähnt, welche Gott gesandt hat (Sure 3:3 und 4:163). Dazu kommt laut Sure 3:48 noch ein weiteres Buch: „die Weisheit". Damit könnten die Sprüche Salomos gemeint sein. Offensichtlich sind die Bücher der Propheten also in der Bibel zu finden.

„Und Wir ließen ihnen Jesus, den Sohn der Maria, folgen und gaben ihm das Evangelium" (Sure 57:27), soll Allah selbst gesagt haben. Wie also ist es möglich, dass die meisten Muslime die

25 Damit sind die fünf Bücher Mose, die Psalmen und das Evangelium gemeint.

Bibel ablehnen? Der Grund dafür soll in einigen Versen (Sure 2:75, 2:211 und 3:78) zu finden sein, wo gesagt werde, dass die Bibel verfälscht wurde. Doch sagen sie das wirklich? Lesen wir 3:78: *„Und einige von ihnen verdrehen wahrlich die Schrift mit ihren Zungen ...“* Auch in Sure 2:75 wird darauf hingewiesen: *„Aber ein Teil von ihnen hat Allahs Wort vernommen und verstanden und hernach wissentlich verdreht.“* Und Sure 2:211 warnt: *„Wer aber Allahs Botschaft abändert, nachdem sie zu ihm gekommen ist – dann ist Allah wahrlich streng im Strafen.“*

Was wirklich dasteht, ist, dass einige Juden (Christen sind wohl weniger gemeint), mit denen Mohammed zu tun hatte, mündlich gewisse Bibelstellen verdrehten. Wer nicht nur Sure 2:75, sondern auch die darauffolgenden Verse genau liest, der findet den Grund, weshalb sie dies taten: Sie wollten den Muslimen die Bibelstellen verschweigen, die später in den Diskussionen gegen sie hätten verwandt werden können. Zudem gab es Juden, die die göttlichen Schriften zwar nicht kannten, sich aber Verse ausdachten, um diese gegen Geld zu verkaufen.[26]

Selbst wenn einige Juden in Medina etwas direkt an einer Thora verändert hätten – was hier nicht behauptet wird –, so hätte dies natürlich keinen Einfluss auf die vielen anderen jüdischen heiligen Schriften gehabt, die schon damals welt-

---

26 Siehe Sure 2:76 ff.: *„Und wenn sie die Gläubigen treffen, sagen sie: ‚Wir glauben.‘ Wenn sie aber (wieder) unter sich sind, sagen sie: ‚Wollt ihr ihnen (denn) erzählen, was Allah euch* [Juden] *eröffnet hat, damit sie (dereinst) aufgrund dieses Beweismaterials vor eurem Herrn mit euch streiten? Habt ihr denn keinen Verstand?‘ Wissen sie denn nicht, dass Allah weiß, was sie geheim halten und was sie bekannt geben? Unter ihnen gibt es Ungelehrte, die die Schrift nicht kennen, (ihren Ansichten und Behauptungen) vielmehr (eigene) Wünsche (zugrunde legen) und nur Mutmaßungen anstellen. Aber wehe denen, die die Schrift mit ihrer Hand schreiben und dann sagen: ‚Das stammt von Allah‘, um sie zu verschachern! Wehe ihnen im Hinblick auf das, was ihre Hand geschrieben hat! Wehe ihnen im Hinblick auf das, was sie begehen!“*

weit verbreitet waren. So verwundert es denn nicht, wenn der Koran mit höchstem Respekt von der Bibel spricht und wiederholt betont, der Koran sei offenbart worden, um sie zu bestätigen, und keineswegs, um sie zu korrigieren. Das könnten wir zum Beispiel in Sure 3:3 nachlesen: *„Er* [Allah] *hat auf dich* [Mohammed] *das Buch in Wahrheit herabgesenkt, bestätigend, was ihm vorausging. Und er sandte hinab die Thora und das Evangelium, schon zuvor als eine Wegleitung für die Menschen."*

33. Überraschung: **Der Abfall des Teufels**

Die Botschaft des Islam scheint einfach und verständlich. Es gibt keinen Gott außer dem Einen. Dieser verbietet seiner Schöpfung, sich vor irgendeinem Menschen oder einem anderen Geschöpf niederzuwerfen. So könnte man meinen. Und doch ist es ausgerechnet der Koran, der mehrfach erzählt, Gott habe den Engeln eines Tages befohlen, sich vor Adam niederzuwerfen.

Jeder Araber kennt das Sprichwort: „Anbetung (sugud) gehört Gott allein." Und nun soll also Gott höchstselbst die Engel dazu aufgefordert haben, Adam anzubeten? Und zwar mit derartigem Nachdruck, dass der Engel, der sich weigerte, dies zu tun, sich damit die ewige Verdammnis zuzog. Genau das geschah nämlich mit dem Engel, der zu „Iblis" wurde, welcher besser unter den Bezeichnungen „Satan" oder „Teufel" bekannt ist (Sure 15,28-38).

Wie kommt Allah dazu, einen derartigen Befehl zu geben? Manche Koranausleger suchen den Grund für den rätselhaften Befehl zur Anbetung Adams in der Art und Weise, wie Adam erschaffen wurde. Anlässlich der Schöpfung des Urvaters soll Gott ihm ja seinen eigenen Geist eingehaucht haben. Somit sei also Gott selbst in Adam gewesen und deshalb werde im Grunde er angebetet und nicht der Mensch Adam.

Was will diese Geschichte uns lehren? Dass Gottes Plan eigentlich darin bestand, im Menschen zu wohnen? Bei der Suche nach Antworten auf diese Frage stieß ich auf einen interessanten Vers in Sure 3:59. Demzufolge soll Isa (Jesus) Adam gleich sein. Die Parallele zwischen diesen beiden fällt tatsächlich ins Auge. Beide haben keinen irdischen Vater. Adam entstand durch die Einhauchung des göttlichen Geistes, Jesus ebenso. In Sure 66:12 sagt Gott selbst: *„Und Wir hauchten von unserem Geist in sie ein.“* In den Mutterleib der Maria. Daraus entstand Jesus.

Somit hätten Adam und Jesus zwei Naturen, eine irdische und eine göttliche. Könnte dies bedeuten, dass es keine Sünde wäre, vor Jesus niederzufallen, wenn man damit nicht seine irdische, sondern seine göttliche Natur meint? Dass es im Gegenteil die Erfüllung von Gottes ursprünglichem Plan wäre?

34. Überraschung: **Adams großer Fehler**

Der Koran kommt immer wieder darauf zu sprechen, aus welchen Materialien die Menschheit durch Allah erschaffen worden sei. Einmal aus Staub (Sure 3:59), dann aus Erde (Sure 11:61), aus Lehm (Sure 23:12), aus dem Nichts (Sure 19:67) oder aus Wasser (Sure 25:54). Dabei geht es wohl weniger um wissenschaftliche Genauigkeit als vielmehr um die Unterstreichung des Wunders, dass wir überhaupt existieren. Adam soll dann derart herrlicher Gestalt gewesen sein, dass – wie schon erwähnt – sogar den Engeln befohlen wurde, vor ihm niederzufallen. Eva wird ebenfalls aus Adam erschaffen, wobei die Details offengelassen werden.

„Und wir sprachen: ‚O Adam, bewohne du und dein Weib den Garten und esset von ihm in Hülle und Fülle, wo immer ihr wollt, aber nahet nicht jenem Baume, sonst seid ihr Ungerechte.' Aber der Satan ließ sie aus ihm straucheln und vertrieb sie aus der Stätte, in der sie weilten. Und Wir [Gott] *sprachen: ‚Hinfort mit euch! Der eine sei des andern Feind; und auf der Erde sei euch eine Wohnung und ein Nießbrauch für eine Zeit'"* (Sure 2:35-36).

Die meisten Muslime glauben, dass das Paradies nicht auf dieser Welt war, sondern dass das erste Menschenpaar aufgrund seines Fehlers aus dem Paradies auf diese Welt vertrieben wurde. Demnach gehört uns also diese Erde nicht, sondern wurde uns zum „Nießbrauch" für eine begrenzte Zeit überlassen. Zwar soll Adam nach Sure 2:37-38 seine Schuld bereut und Allah ihm vergeben haben. Dennoch lässt Allah Adam und Eva nicht ins Paradies zurück. Wie in der Bibel wird also eine bleibende Konsequenz jener Sünde gezeigt: *„Er* [Gott] *kehrte sich wieder zu ihm* [Adam]*; denn siehe, Er ist der Vergeber, der Barmherzige. Wir sprachen: ‚Hinfort mit euch von dort allesamt!'"* Es hat mich überrascht, dass einerseits von bewilligter Vergebung die Rede ist und doch gleich der nächste Satz betont, die zwei seien trotzdem vertrieben worden. Sure 7:189-190 beschreibt dann Schwangerschaft und Geburt des ersten Sohnes, betont aber zugleich, dass die Menschen Gott dafür nicht dankbar waren, sondern gleich mit der Götzenanbetung begannen.

35. Überraschung: **Der erste Brudermord – aber anders**

Nur kurz erwähnt der Koran die Geschichte der Söhne Adams in Sure 5:27-31. Dennoch enthält sie gleich mehrere Überraschungen. Die erste ist, dass weder der Name Kains noch der Abels erwähnt wird. Die zweite Überraschung besteht darin, dass Kain dem jüngeren Bruder seine Absicht mitteilt, er wolle ihn umbringen. *„Ich werde dich ganz gewiss töten"*, soll er gesagt haben. Noch verblüffender ist dessen kühle Reaktion: *„Wenn du auch deine Hand ausstreckst, um mich zu töten, so werde ich doch meine Hand nicht ausstrecken, um dich zu töten. Ich fürchte Gott, den Herrn der ganzen Schöpfung."*

Wer also im Koran nach friedlichen Versen sucht, der liegt hier goldrichtig. Friedfertiger als bei Abel geht es kaum. Nicht nur lehnt er Selbstverteidigung ab. Er unternimmt nicht einmal einen Fluchtversuch. Dabei erklärt er, dass diese Reaktion seiner Gottesfurcht entspringe.

Damit widersprechen diese Verse allerdings dem allgemeinen islamischen Glauben, der sich auch auf verschiedene Koranverse stützt, demzufolge Gläubige nicht nur das Recht, sondern sogar die Pflicht haben, sich zu verteidigen. Überraschend ist auch der Fortgang seiner Rede: *„Ich will, dass du meine und deine Sünde auf dich lädst und so einer von den Insassen des Höllenfeuers sein wirst."*

Ich hoffe, ich habe diese Worte Abels falsch verstanden. Abgesehen davon ist die Reaktion Abels auf die Mordankündigung seines Bruders jedenfalls erstaunlich friedlich.

36. Überraschung:
Noahs Sohn ertrank in den Fluten

Auch die Geschichte Noahs finden wir im Koran. Doch scheint der Gottesmann noch viel mehr gelitten zu haben, als es der biblische Bericht vermuten lässt. Er wird von seinen Zeitgenossen mächtig verspottet (Sure 11:38-39). Nach Sure 23:24-25 werfen sie ihm zudem Stolz vor und behaupten, er sei besessen. Noah betete daraufhin ein sehr emotionales Gebet: *„Mein Herr, lass keinen der Ungläubigen auf Erden. Siehe, wenn Du sie übrig lässest, so werden sie Deine Diener irreführen und werden nur Sünder und Ungläubige zeugen. Mein Herr ... mehre allein der Ungläubigen Verderben."*

Auch mit seiner Familie hatte Noah im Koran weniger Glück als in der Bibel. Sure 11:42-43 erzählt ganz dramatisch: *„Und sie* [die Arche] *zog mit ihnen einher in Wogen gleich Bergen. Und Noah rief zu seinem Sohn, der sich abseits hielt: ‚Mein Söhnchen, steig mit uns ein und sei nicht einer der Ungläubigen.' Er sprach: ‚Ich will mich auf einen Berg begeben, der mich vor dem Wasser schützen wird.' ... Und eine Woge trennte beide, und er ertrank."* Vermutlich erging es Noahs Frau ebenso, denn nach Aussage von Sure 66:10 gehörte sie zusammen mit Lots Frau zu den Ungläubigen. Beide Ehemänner *„vermochten nicht für sie bei Allah, und gesprochen ward: ‚Gehet ein ins Feuer mit den Eingehenden.'"*

37. Überraschung:
Abraham wäre beinahe verbrannt

Während Abel und Josef auf je eine Geschichte begrenzt sind, kommt Abraham in 25 Koransuren vor; die 14. ist sogar nach ihm benannt. Er gilt nicht nur den Juden in der Bibel, sondern auch den Arabern als Stammvater, allerdings nicht über Isaak, sondern über Ismael. In Sure 4:125 steht, Gott habe Abraham als Freund erwählt. Daher ist er im Orient überall als „Chalil Allah“, eben „Freund Gottes“ bekannt.

Eine Geschichte in der 6. Sure zeigt ihn als aufrichtig suchenden Menschen. Er glaubte demnach als junger Mensch an die Sterne, wie Verse 76-79 zeigen: *„Und da die Nacht ihn überschattete, sah er einen Stern. Er sprach: ‚Das ist mein Herr.‘ Als er aber unterging, sprach er: ‚Nicht liebe ich, was untergeht.‘ Und als er den Mond aufgehen sah, sprach er: ‚Das ist mein Herr.‘ Und als er unterging, sprach er: ‚Wahrlich, wenn mich nicht mein Herr leitet, so bin ich einer der Irrenden.‘ Und als er die Sonne aufgehen sah, sprach er: ‚Das ist mein Herr; das ist das Größte.‘ Als sie jedoch unterging, sprach er: ‚O mein Volk, ich habe nichts mit euern Göttern zu schaffen. Siehe, ich wende mein Angesicht lautern Glaubens zu dem, der die Himmel und die Erde erschaffen.‘“*

Diese Erkenntnis hat Konsequenzen, wie man in Sure 21:58 ff. nachlesen kann. Dort steht, er habe eine Reihe von Götzen zerstört, mit Ausnahme des größten. Als man ihn zur Rede stellte, erklärte er, dass dieser die kleineren zerstört habe. Sie sollten ihn nur selbst fragen. Ihre Antwort: *„Wahrlich, du weißt, dass diese nicht reden.“* Worauf er sie fragte, weshalb sie dann das, was ihnen weder schaden noch nützen könne, verehren würden. Der Koran erzählt, dass sie daraufhin beschlossen, Abraham zu verbrennen. Gott aber sprach zum Feuer: *„Sei kühl und ein Frieden auf Abraham"* (Sure 21:69).

Diese Geschichte von der Erkenntnis des einen Gottes und der Zerstörung der Götzen, die so nicht im Alten Testament zu finden ist, stand allerdings vor dem Koran schon in der sogenannten Apokalypse des Abraham, die aus dem 2. Jahrhundert nach Christus stammt.

38. Überraschung: **Das Opfer von Abrahams Sohn**

Der Höhepunkt von Abrahams Geschichte war sicher, als er den Befehl erhielt, seinen Sohn zu opfern. Dieses Ereignis wird auch im Koran beschrieben. Ob es sich dabei um Isaak handelte, wie Juden und Christen glauben, oder um Ismael, wie Muslime behaupten, wollen wir an dieser Stelle nicht diskutieren. Doch warum sollte jenes Kind sterben? Es hatte ja nichts verbrochen. Im Koran wird es sogar als ein extrem verständiges Kind beschrieben. Der Koran nennt es „gutmütig". In Sure 37 lesen wir: *„Als dieser nun alt genug war, um mit ihm zu arbeiten, sprach er: ‚O mein Sohn! Siehe, ich sah im Traum, dass ich dich opfern müsste. Schau, was meinst du dazu?' Er sprach: ‚O mein Vater! Tu, was dir befohlen wird. Du wirst mich, so Allah will, standhaft finden.' Sobald beide sich (Allah) ergeben hatten und er ihn mit dem Gesicht nach unten auf den Boden gelegt hatte, riefen Wir ihm zu: ‚O Abraham! Du hast das Traumgesicht bereits erfüllt!' Wahrlich, so belohnen Wir die Rechtschaffenen. Fürwahr, dies war eine offensichtliche Prüfung!*

So lösten Wir (Gott) ihn durch ein großartiges Schlachtopfer aus" (Verse 101-107).

Im Islam gilt diese Geschichte als extrem wichtig. Jedes Jahr werden am Eid el-Adha zur Erinnerung an das Schaf, das anstelle von Abrahams Sohn geschlachtet wurde, Millionen von Tieren geschlachtet. Das Eid el-Adha oder „Kurban" ist das wichtigste islamische Fest.

Als Christ fasziniert mich ein Vers aus dieser Geschichte ganz besonders. In Sure 37:107 steht: *„Wir* [Gott] *erlösten ihn mit einem großartigen Opfer."* Es ging also offenbar bei dem Schaf, das anstelle des Sohnes geopfert wurde, um mehr als ein Dankopfer. Es ging darum, den Sohn zu erlösen. Können wir hier eine Brücke zur Bibel vermuten? Könnte es sein, dass sich dort – im Opfer Jesu am Kreuz – die Lösung zum Rätsel dieser Geschichte findet?

39. Überraschung: **Ismael, der Stammvater des Islam, war kein Araber**

In Sure 4:163 steht: *„Siehe, Wir haben dir* [Mohammed] *Offenbarung gegeben, wie Wir Noah Offenbarung gaben und den Propheten nach ihm und wie Wir Abraham und Ismael und Isaak und Jacob und ihren Nachkommen und Jesus und Hiob und Jonas und Aaron und Salomo Offenbarung gaben. Und David gaben Wir die Psalmen."*

Ismael kommt im Koran selten vor. Wenn er erwähnt wird, dann meist ohne jede Detailangabe. So ziemlich das Einzige, das der Koran klar über ihn aussagt, ist, dass er mit Abraham zusammen die Kaaba in Mekka aufgebaut haben soll (Sure

2:127). Die meisten Muslime glauben auch, dass er und nicht Isaak es war, der von Vater Abraham beinahe geopfert wurde. Doch die 107. Sure, die diese Geschichte erzählt, gibt weder den einen noch den anderen Namen an.

Der Name Ismael an sich ist aber durchaus eine Überraschung. Dieses Wort hat im Arabischen keine Bedeutung. Es ist kein arabisches Wort, sondern ein hebräisches. „Gott (er)hört" ist die Bedeutung in der jüdischen Sprache. Nach dem Bericht der Thora befahl der Engel Hagar, ihren Sohn so zu nennen. Dieser Name sollte sie immer daran erinnern, dass Gott ihr Weinen gehört hatte.

Nicht nur der Stammvater der Araber trägt einen jüdischen Namen, sondern auch die im Islam so wichtigen Engel Gabriel („Held Gottes") und Michael („Wer ist wie Gott?"). Viele andere jüdische Elemente finden sich ebenfalls im Islam. So etwa die Praxis der männlichen Beschneidung, das Verbot von Schweinefleisch, das Schächten der Tiere und anderes mehr. Die meisten der Prophetengeschichten im Koran entstammen der jüdischen Bibel oder anderen jüdischen Büchern. Zudem betete Mohammed am Anfang in Richtung Jerusalem, erst später nach Mekka. Gemäß seiner berühmten Nachtreise soll er bekanntlich einige Stunden in den Himmel entrückt worden sein. Damals reiste er zuerst nach Jerusalem und von dort aus zu Gott, obwohl er doch damals in Mekka wohnte. Gab es von Mekka aus keinen direkten Weg in den Himmel, sodass er einen Umweg über Jerusalem machen musste?

Wer könnte angesichts dieser Tatsachen die jüdischen Wurzeln des Islams verleugnen? Es ist unbegreiflich, dass es Muslime gibt, die Juden verachten, wo sie ihnen nicht nur ihre Religion, sondern auch die schönsten Geschichten ihres Korans, ja, sogar ihren Stammvater und damit sich selbst zu verdanken haben. Vielleicht gründet dieser verbreitete Hass in einer Art Konkurrenzkampf, welche von beiden Religionsgemeinschaften Gottes Liebling sei? Eine derartige Rangelei gab es jedenfalls bereits zwischen Ismael und Isaak. Und auch der Koran gibt einen Fingerzeig in diese Richtung. Gemäß Sure 5:18 sollen die Juden sich als Lieblinge Allahs bezeichnet haben, und das sei bei den muslimischen Brüdern gar nicht gut angekommen.

Der sogenannte „Stammvater“ der Araber war also gar kein Araber. Und er hält noch eine weitere Überraschung parat: Obwohl er doch ein Prophet gewesen sein soll, gibt es im Koran keine einzige Prophezeiung von ihm. Auch müsste ein Prophet eigentlich ein Buch aus dem Himmel mitgebracht haben. Doch nirgendwo auf der Welt findet sich so ein Buch Ismaels, obwohl Allah doch jedem Propheten ein Buch gegeben haben soll. Es gibt im Altertum auch nirgendwo einen Hinweis darauf, dass Abraham und sein Sohn jemals Mekka besucht hätten. Erst der Koran, der 2500 Jahre später kam, schreibt darüber.

40. Überraschung: **Die schönste aller Geschichten**

Sure 12 trägt den Namen „Josef“ oder „Youssef“. Und tatsächlich enthält sie detailliert alle Erlebnisse Josefs, und das in einer erstaunlichen Übereinstimmung mit der jüdischen Thora. Im 3. Vers wird das Leben Josefs die „schönste aller Geschichten“ genannt. Tatsächlich wird die Persönlichkeit Josefs erstaunlich schön beschrieben. Er wird zwar wie Abel misshandelt, hegt aber keinerlei Rachegelüste oder Hintergedanken. Sowohl seine Brüder als auch die Frau von Potiphar behandeln ihn schrecklich. Unschuldig wird er erbarmungslos zweimal zutiefst hinabgestoßen und doch steigt er immer nur noch höher auf. Und dies nicht etwa dadurch, dass er krumme Wege geht, sondern ganz im Gegenteil, weil er gläubig, ehrlich und fleißig ist. Die Geschichte von Josef ist die einzige Prophetengeschichte, die im Koran kompakt in einer einzigen Sure erzählt wird. Man stelle sich das einmal vor: Als der Koran verfasst wurde, war die Geschichte Josefs schon ungefähr 2000 Jahre alt. Und doch ist sie die Prophetengeschichte, die am wenigsten Abweichungen gegenüber der biblischen Version aufweist.

Zusammen mit Abel oder besser noch als dieser eignet sich Josef als Vorbild für einen friedlichen Glauben. Keinen Moment denkt er an Rache oder an seine verletzte Ehre. Auch nicht einmal daran, aus der Sklaverei zu fliehen. Er dient stattdessen in aller Treue und Ehrlichkeit seinem Meister, der nebenbei gesagt ein Heide und Götzenanbeter gewesen sein muss.

Gerade aus diesem Grund sitzt er schlussendlich auf dem Thron desjenigen Landes, das über die ganze damalige Welt herrschte. Auch die Hungersnot kann ihm nicht schaden. Im Gegenteil: Gerade durch sie erhält er die Gelegenheit, Gutes zu tun. Nur wer zu ihm kommt, überlebt. Sogar seine Brüder kriechen auf den Knien vor ihm, ohne ihn allerdings zu erkennen. Er hätte allen Grund, sich an ihnen zu rächen. Stattdessen rettet er ihr Leben.

Würden doch die Terroristen diese Geschichte zum Vorbild nehmen anstatt die unglückseligen Kriegsverse! Dann käme die Welt bald wieder in Ordnung.

41. Überraschung:
Moses und das blökende goldene Kalb

Auch von Moses ist im Koran immer wieder die Rede. In Sure 20:38-39 wird beschrieben, wie seine Mutter ihn in ein Kästchen legt, auch wenn sie dieses nicht in den Nil, sondern ins Meer gelassen haben soll. Seine Schwester bewacht es und genau wie in der Bibel bietet sich Moses' Mutter später als Amme an. Sure 28:15 ff. beschreibt, wie Moses einen Ägypter erschlägt und aufgrund dieser Tat nach Midian fliehen muss, wo er zwei Mädchen hilft, ihre Schafe zu tränken. Aus Dank nimmt ihn der Vater dieser Mädchen in seinen Dienst und verspricht ihm eine seiner Töchter als Gegenwert für acht Jahre Arbeit.

Nach dieser Zeit beruft Gott ihn aus dem brennenden Busch heraus. Sein Stab, den er hinwerfen soll, wird zu einer Schlange, und seine Hand, die er in seinen Brustschlitz stecken soll, wird *„weiß herauskommen ohne Übel"*. Er bittet Gott, ihm seinen Bruder Aaron als Beistand zu schicken. Obwohl er *„mit deutlichen Zeichen"* nach Ägypten kommt, wird er dort mit dem Argument abgewiesen, es handle sich um nichts als „Zaubertrug". Die Auseinandersetzung mit dem Pharao wird in mehreren Suren dramatisch beschrieben. Nach Aussage von Sure 17:101 bringt Moses neun Plagen über Ägypten. Schließlich zieht das Volk Israel aus Ägypten aus, der Pharao jagt hinterher und seine Armee ertrinkt im Meer.

Der Koran weiß auch, dass das Volk in der Wüste gegen Moses murrt (2:61) und dass Wasser aus dem Fels fließt, als dieser darauf schlägt (2:60). Bis heute gilt Moses im Islam als „Kalim Allah", das heißt als derjenige, der mit Gott gesprochen hat. Doch während er auf dem Berg weilt und Gottes

Gebote erhält, gärt die Rebellion im Lager, und ein goldenes Kalb wird gegossen.

Sure 7:148 schildert dies ganz anschaulich: *„Und es machte das Volk Mose während seiner Abwesenheit aus seinen Schmucksachen ein leibhaftiges Kalb, welches blökte."*

42. Überraschung: **Die Zehn Gebote Moses im Koran**

„Leite uns den rechten Weg" (1:6). Diese Bitte, die in der 1. Sure des Korans steht, wiederholt ein Muslim in jedem Gebet. Aber was ist der „rechte Weg"? In der 6. Sure wird dieser Weg genau definiert: *„Sprich* [Mohammed zu den Menschen]*: ‚Kommt her, ich will bekannt geben, was euer Herr euch verbot: Ihr sollt ihm nichts an die Seite stellen. Und die Eltern sollt ihr ehren. Und ihr sollt eure Kinder nicht aus Armut töten; wir werden euch und sie versorgen, und nähert euch nicht dem Ehebruch. Und tötet kein Leben, das Gott verwehrt hat ... Und kommt dem Vermögen der Waisen nicht zu nahe, außer um es zu mehren, bis sie herangewachsen sind. Und richtet nach Gerechtigkeit. Und seid gerecht bei den Zeugenaussagen, wäre es auch gegen einen Verwandten. Und haltet eurer Versprechen.' All dies gebot er euch, damit ihr es euch zu Herzen nehmt. Denn dies ist mein rechter Weg. So folgt ihm und folgt nicht anderen Wegen, damit ihr nicht vom Wege Gottes getrennt werdet"* (6:151-153).

Wer diese schönen Worte liest, wird wohl unweigerlich an die Zehn Gebote von Mose erinnert. Das verwundert nicht. Die „Sira" von Ibn Hischam erzählt offen und ehrlich, dass Mohammed schon von Mekka aus Boten mit Fragen zu den

Juden nach Medina geschickt habe. Zudem beruft sich der Koran an mehreren Stellen auf die gemeinsamen Wurzeln mit den Juden und dem Christentum. So hat der Koran keine Probleme damit, Abraham, Lot, Noah und auch die Anhänger Jesu als eine Art „Muslime" zu bezeichnen (z. B. Sure 3:52 und 3:67). „Muslim" bedeutet ja eigentlich „unterworfen" oder „gottergeben". In diesem Sinne könnte also auch ich mich als Muslim bezeichnen. Denn auch mein Ziel ist es, ein gottergebenes Leben zu führen. Aus Gründen, die wir im 2. Teil dieses Buches besprechen werden, sehe ich mich allerdings nicht als Muslim, der Mohammed, sondern lieber als einer, der dem Propheten Jesus folgt.

43. Überraschung: **Was der Koran über Palästina sagt**

„O Volk, betritt das Heilige Land, das Allah euch bestimmt hat; und kehrt nicht den Rücken, sonst würdet ihr als Verlorene umkehren." Mit diesen Worten ermutigte Moses sein Volk nach Sure 5:21, Palästina in Besitz zu nehmen. In Sure 7, Vers 137 ist es Gott selbst, der Israel das gesegnete Land verspricht: *„Und zum Erbe gaben Wir dem Volk, das als schwach erachtet worden war, den Osten und Westen des Landstrichs, den Wir gesegnet hatten. Und so wurde das gnädige Wort Deines Herrn an den Kindern Israel erfüllt …"* In Sure 17:104 gab Allah selbst den Juden den Befehl: *„Bewohnt das Land!"*

Zwar glauben viele Muslime, dass diese Verse nur über die Vergangenheit sprechen und heute nicht mehr gelten. Doch Sure 7:137 erklärt, das Land sei Israel *„zum Erbe"* gegeben worden. Damit wird auf etwas Bleibendes, Dauerhaftes hingewiesen. Zudem gibt es keinen Koranvers, der davon spricht, dass Gott den Juden das Land Palästina wieder weggenommen habe, um es den Muslimen zu geben. Man könnte also die Aussagen des Korans durchaus so verstehen, dass Palästina das gesegnete Land für die Juden sei, dasjenige für die Muslime dagegen Mekka bzw. die arabische Halbinsel. Auch wird nirgends behauptet, dass ein Araber den Tempel in Jerusalem gebaut habe, sondern König Salomo, der ein Jude war. Zu denken gibt auch, dass die Muslime zunächst in Richtung Jerusalem gebetet haben, erst später änderte Mohammed die Ausrichtung des Gebets zu Mekka hin (Sure 2:142 ff.). Er wendete Palästina den Rücken zu. Wollte er damit sagen, dass die Muslime keinen Anspruch auf Jerusalem erheben sollen?

44. Überraschung: **David und die 99 Schafe**

„Und wahrlich, Wir [Gott] *bevorzugten die einen der Propheten vor den andern, und wir gaben David die Psalmen."* Dies erklärt der Koran in Sure 17:55. *„Siehe, Wir zwangen die Berge, mit ihm den Preis anzustimmen am Abend und am Morgen. Und die Vögel, die versammelten, von denen ein jeder zu ihm sich kehrte"* (Sure 38:18-19).

Der Koran weiß auch um Goliath: *„Und es erschlug David den Goliath; und Allah gab ihm das Königtum und die Weisheit und lehrte ihn, was Er wollte"* (Sure 2:251). Obwohl relativ wenige Koranverse von ihm berichten, erhält David dort einen Ehrenplatz. In Sure 38:26 wird er mit dem außergewöhnlichen Titel

„Stellvertreter“ ausgezeichnet: *„O David, siehe, Wir machen dich zu einem Stellvertreter auf Erden; so richte zwischen den Menschen in Wahrheit und folge nicht dem Gelüst.“* Dies scheint ihm nach Sure 21:78 auch gelungen zu sein: *„Und (gedenke) Davids und Salomos, als sie über den Acker richteten, da in ihm die Schafe der Leute zur Nachtzeit weideten. Und Wir waren Zeugen ihres Spruches.“*

Einen Schreck soll David erlebt haben, als eines Nachts zwei Streitende in sein Gemach einstiegen und ihn um einen gerechten Richtspruch baten. Der eine von ihnen habe 99 Mutterschafe gehabt, der andere dagegen nur ein einziges. Letzterer habe sich aber überreden lassen, sein Schaf dem anderen anzuvertrauen. Davids Antwort: *„Wahrlich, er war ungerecht gegen dich, dass er dich um dein Mutterschaf zu seinen Mutterschafen bat. Und siehe, viele, die sich miteinander in Geschäfte einlassen, vergehen sich gegeneinander, außer denen, die da glauben und das Rechte tun, und ihrer sind wenige“* (Sure 38:21-24). Doch dann soll er gemerkt haben, *„dass sie ihn versuchten, und er bat seinen Herrn um Verzeihung und stürzte nieder, sich beugend und bereute“*.

Diese Geschichte ist so, wie sie dasteht, kaum verständlich. Klarer wird sie wiederum, wenn wir die David-Geschichte aus der Bibel danebenlegen. Der Koran zitiert hier wohl die Ermahnung Davids durch den Propheten Nathan. Dieser erzählte David eine Geschichte über einen reichen Mann, um ihm einen Spiegel vorzuhalten. Aus Geiz habe dieser das einzige Lamm seines Nachbarn genommen und für einen Gast geschlachtet. In dieser Erzählung, die sich im 2. Buch Samuel, Kapitel 12 findet, empört sich König David so sehr über diese Ungerechtigkeit, dass er sogar ein Todesurteil über den Mann ausspricht. Erst da bemerkt er, dass der Prophet

Nathan dieses Gleichnis erzählt hat, um David die Augen für seine eigene Ungerechtigkeit zu öffnen. Er, der als König jede Frau seines Reiches hätte haben können, hat nämlich die Frau eines seiner treuen Untergebenen genommen.

Dass der reiche Mann 99 Schafe gehabt habe, das erzählt die Bibel nicht. Die 99 Schafe stammen vielleicht aus einer Rede Jesu in Lukas 15. „Welcher Mensch unter euch, der hundert Schafe hat und eins von ihnen verloren hat, lässt nicht die neunundneunzig in der Wüste und geht dem verlorenen nach, bis er es findet? Und wenn er es gefunden hat, legt er es mit Freuden auf seine Schulter ... Ich sage euch: So wird Freude im Himmel sein über einen Sünder, der Buße tut, mehr als über neunundneunzig Gerechte, die die Buße nicht nötig haben."

45. Überraschung: **Die rätselhafte Geschichte von Jona**

„Yunus" oder „der Mann des Fisches" wird Jona im Koran genannt. Die 10. Sure trägt seinen Namen. Doch viel erzählt diese Sure von ihm nicht. Am ausführlichsten wird seine Geschichte in Sure 37, Verse 139-148 beschrieben. Allerdings enthält auch diese Stelle so viele Lücken, dass man die Zusammenhänge kaum verstehen kann, es sei denn, man kannte sie vorher schon: *„Auch Yunus gehörte wahrlich zu den Gesandten. Als er zum voll beladenen Schiff davonlief. Er warf Lose und wurde einer der Unterlegenen. Da verschlang ihn der Fisch, während er sich Tadel zugezogen hatte. Und hätte er nicht zu denjenigen gehört, die preisen, hätte er wahrlich in seinem Bauch verweilt* *bis zu dem Tag, an dem sie auferweckt werden. Da warfen Wir ihn auf das kahle Land – und dabei war er krank. Und wir ließen eine Kürbisstaude über ihm wachsen. Und Wir sandten ihn zu Hunderttausend oder sogar noch mehr. Da glaubten sie, und so gewährten Wir ihnen Nießbrauch auf Zeit.“*

Einige andere Informationen über Jona finden sich zwar noch in anderen Koranversen, so wie etwa, dass er im Zorn davonlief (Sure 21:87). Dass er aber *vor Gott* davonlief, weil dieser ihn nach Ninive schicken wollte, in die Stadt der gefährlichsten Feinde seines Volkes, damit er sie zur Umkehr aufrief – all das kann man nur wissen, wenn man das Buch des Propheten Jona in der Bibel gelesen hat.

Erst wenn wir die vier Kapitel des ursprünglichen Jonabuches neben den Koran legen, werden die Details der Geschichte klar. So war nicht die volle Ladung des Schiffes das Problem, sondern der Sturm, den Gott schickte. Die Seeleute hatten noch nie ein derart wütendes Meer erlebt, und daher wurde ihnen bewusst, dass da übernatürliche Kräfte am Werk waren. Deshalb zogen sie das Los, um herauszufinden, wer es sei, der den Himmel erzürnt hatte. Dass Jona *„einer der Unterlegenen“* war, bedeutet, dass das Los auf ihn fiel. Und er selbst schlug den anderen vor, ihn ins Meer zu werfen. Er hatte Gott erzürnt und nichts anderes als den Tod verdient. Sobald er über Bord war, glättete sich das Meer wieder. Sein Opfer rettete das ganze Schiff. Jona wurde dann von einem Fisch verschluckt. Und das 2. Kapitel seines Buches enthält tatsächlich einen Dankespsalm, den er dort dafür gesungen hat, dass er auf übernatürliche Weise am Leben blieb. Nach drei Tagen spie der Fisch ihn ans Ufer und nun war er bereit zu gehorchen. Er ging in die Stadt Ninive und durchschritt sie, wobei er die Menschen laut zur Umkehr aufrief. Das Unvorstellbare geschah: Als der König von ihm hörte, befahl er der ganzen Bevölkerung, Buße zu tun, um die Stadt vor der Vernichtung zu bewahren.

Freiwillig ging Jona also in den Tod, wodurch viele Seeleute gerettet wurden. Der Fisch wurde drei Tage lang zu seinem Grab. Dann erfolgte die „Auferstehung". Und diese führte dazu, dass viele Nichtjuden gerettet wurden. Gerade weil der Bericht des Korans über Jona Ergänzungen nötig macht, legt er eine gute Grundlage für den Dialog zwischen Muslimen und Christen. Und wenn man nicht nur nach der Geschichte fragt, sondern nach deren Bedeutung, dann wird die Sache spannend.

46. Überraschung: **Hiob schlägt seine Frau**

Ganze sieben Verse sind es, die Hiobs Geschichte erzählen. Das ist knapp. Wie es zu Hiobs Leiden kam, erfährt man nicht. Man findet ihn schon im ersten Vers mitten in großer Not vor: *„Und gedenke Unseres Dieners Hiob, da er zu seinem Herrn rief: ‚Siehe, berührt hat mich der Satan mit Plage und Pein'"* (Sure 38:41). Gott soll ihm darauf zur Linderung seiner Schmerzen einen kühlen Badeort angeboten haben. Dort soll er gemäß Vers 42 mit seinem Fuß aufstampfen. *„Und Wir gaben ihm seine Familie (wieder) und ebenso viele obendrein als eine Barmherzigkeit von Uns und eine Ermahnung für die Verständigen."* In diesem Punkt stimmt der Koran mit der biblischen Version überein, in der ebenfalls steht, Gott habe Hiob am Ende alles doppelt zurückerstattet.

Die Überraschung folgt im nächsten Vers. Gott sagt zu ihm: *„Nimm in deine Hand ein Bündel (Ruten) und schlag damit (dein Weib) und sei nicht eidbrüchig.“* In den Kommentaren zu diesem Vers liest man, die Frau Hiobs habe inmitten der Leiden Satan gelobt, ihm zu dienen, falls er ihnen ihren früheren Wohlstand wiedergäbe. Deshalb habe Hiob einen Eid geschworen, sie mit hundert Rutenstreichen zu schlagen, wenn er jemals wieder gesund werde. Dies habe er nun einhalten müssen. Er habe aber stattdessen ein Bündel von hundert Ruten genommen und ihr nur einen einzigen Streich versetzt. So habe er seinen Eid halten können, ohne ihr wehzutun. Deshalb kann der Koran Hiob trotz dieser Begebenheit ein positives Zeugnis ausstellen: *„Siehe, wir fanden ihn standhaft. Ein trefflicher Diener; siehe, er war bußfertig“* (44).

47. Überraschung: Gott ist umgezogen

Keine der frühen Mekka-Suren enthält einen Hinweis darauf, in welche Richtung die Muslime sich verneigen sollen, wenn sie beten. Aus den späteren Schriften wissen wir aber, dass zuerst ohne bestimmte Ausrichtung, dann aber Richtung Jerusalem gebetet wurde. Längere Zeit betete Mohammed nach Norden, in Richtung von „Al Quds“, die er als die Heilige Stadt Gottes betrachtete: Jerusalem. Gemäß Sure 2:145 beteten auch die Juden Medinas nach Jerusalem. Der jüdische Glaube schreibt zwar eine Gebetsrichtung nicht vor, es war wohl eher ihre Sehnsucht, nach Jerusalem zurückzukehren, welche sie in diese Richtung beten ließ. Es scheint, dass die Muslime diese Ausrichtung von ihnen übernahmen. Doch nach dem Bruch mit den Juden änderte sich auch die sogenannte Qibla, das heißt die Richtung des Gebetes von Jerusalem nach Mekka. Das ist eigentlich erstaunlich, denn das Heiligtum von Mekka war ja damals voller heidnischer Götzen. In der 2. Sure wird von dem Bruch mit den Juden und der Änderung der Qibla erzählt. Sie weiß noch mehr: Abraham und sein Sohn Ismael hätten nämlich das Heiligtum von Mekka (die sogenannte Kaaba) vor langer Zeit erbaut. Seither müssen sich alle Muslime in ihren fünf Gebetszeiten in Richtung Kaaba wenden. Gebete in eine andere Richtung gelten weithin als ungültig, selbst wenn sie mit der richtigen Herzenshaltung gesprochen werden.

Doch eigentlich hätte der Koran es ja besser gewusst. Im 115. Vers der 2. Sure steht: *„Und Allahs ist der Westen und der Osten. Daher: Wohin ihr euch auch wendet, dort ist Allahs Angesicht.“* Schade, dass dieser Vers nicht mehr gilt, weil er eben durch den vermeintlich besseren ersetzt (abrogiert) wurde, welcher die Gebetsrichtung vorschreibt. Die einzige Begründung, die der Koran für die Festsetzung der Qibla gibt, ist, dass es darum gehe, festzustellen, wer *„dem Gesandten* [Mohammed] *folgt und wer auf seinen Fersen eine Kehrtwendung macht“* (Sure 2:143b).

48. Überraschung: **Christen werden den Juden vorgezogen**

Was sagt der Koran über die Christen? In Sure 5:82 steht: *„Wahrlich, du wirst finden, dass die Juden und die, welche Allah Götter zur Seite stellen, unter allen Menschen den Gläubigen* [den Muslimen] *am feindlichsten sind. Und du wirst finden, dass den Gläubigen diejenigen am freundlichsten gegenüberstehen, welche sagen: ‚Wir sind Christen', weil unter ihnen Priester und Mönche sind und weil sie nicht hochmütig sind. Wenn sie hören, was zum Gesandten herabgesandt wurde, siehst du ihre Augen von Tränen überfließen wegen der Wahrheit, die sie darin erkennen ... Und Allah hat sie für ihre Worte mit Gärten belohnt, durcheilt von Wasserbächen, ewig darin zu verweilen."*

Das Überraschende: Die Beurteilung der Christen fällt offenbar positiver aus als die der Juden. Das mag daran liegen, dass Mohammed in seinen jungen Jahren eine gute Beziehung zum bereits erwähnten Verwandten namens Waraqa Ibn Naufal hatte, der in Mekka lebte und Christ war. Dieser war sehr gebildet, aber blind. Sein Leben lang hatte er den Mekkanern vergeblich gepredigt, ihren Götzen aus Stein und Holz den Rücken zu kehren, um stattdessen den lebendigen Gott anzubeten. Als nun Mohammed ihm erzählte, dass er als Prophet für ebenjenen Gott berufen worden sei, liefen jenem alten Priester wohl Freudentränen über die Wangen.

Ohne den Schutz seiner reichen Frau Khadiga, seines Onkels Abu Talib und seines Verwandten Waraqa wäre Mohammed wohl in jenen ersten Jahren in Mekka umgebracht worden. Tatsächlich gibt es im Leben Mohammeds kein Ereignis, bei dem Christen Mohammed feindselig begegnet wären.

Noch einen anderen christlichen Freund soll Mohammed gehabt haben: den ausländischen Sklaven Gabr. Er besuchte ihn am Anfang seines Wirkens wiederholt, um ihm Fragen über den christlichen Glauben zu stellen. Doch dann begannen seine Gegner, ihn zu verspotten und zu sagen, er lasse sich von einem Sklaven Geschichten erzählen, welche er dann am nächsten Tag in den Diskussionen mit ihnen als Offenbarungen Allahs ausgebe.

„Und wahrlich, Wir wissen auch, dass sie behaupten: ‚Gewiss, ein Mensch bringt ihm das (alles) bei.'" Dieser Vers aus Sure 16:103 soll sich auf den erwähnten Sklaven Gabr beziehen. Dann begegnet der Koran den Zweifeln der Gegner mit einem interessanten Argument: *„Die Sprache dessen, den sie meinen, ist jedoch eine fremde, und dies ist klare arabische Sprache."*

Um dieses Argument verstehen zu können, muss man wissen, dass Gabr als ungebildeter Ausländer wohl nur gebrochen Arabisch sprach. Er mag Mohammed durchaus Geschichten erzählt haben. Doch es geht beim Koran nicht in erster Linie um die darin enthaltenen Geschichten, sondern um die Form. Wenn Mohammed Geschichten erzählte, dann tat er dies in klarem Arabisch. Wie hätte er als ebenfalls Ungebildeter ein derart hochstehendes Arabisch sprechen können – außer dank göttlicher Inspiration? So die landläufige Meinung unter Muslimen. Als das eigentliche Wunder Mohammeds gilt der Koran gerade deshalb, weil der arabische Prophet Analphabet gewesen sein soll. Ob er dies tatsächlich war, ist allerdings nicht sicher belegt, denn Ibn Hischam erzählt, dass Mohammed Verträge eigenhändig unterschrieben habe. Zudem stammte er aus der herrschenden Familie Mekkas. Obwohl er als Vollwaise aufwuchs, wurde er doch von wohlhabenden Verwandten erzogen, und er könnte dort durchaus eine gewisse Grundbildung erhalten haben. So argumentieren viele moderne Forscher.

Jedenfalls weist vieles darauf hin, dass er ein guter Autodidakt war. Er ergriff die Chance beim Schopf, besuchte den Sklaven Gabr und stellte ihm Fragen. Das würde auch nicht jeder machen. Zu jener Zeit in Mekka soll er auch Botschafter mit Fragen zu den Juden nach Medina geschickt haben.

49. Überraschung: **Kein Neuerer unter den Propheten**

In Sure 46:9 befiehlt Allah dem Propheten: *„Sprich: ‚Ich bin kein Neuerer unter den Gesandten. Und ich weiß nicht, was mit mir und mit euch geschehen wird. Ich folge nur dem, was mir geoffenbart worden ist. Ich bin ja nur ein eindeutiger Warner.'"*

Eigentlich hätte es nie einen Konflikt zwischen den Religionen geben müssen. Mohammed betont in diesem Vers auf Geheiß von Allah hin, dass er kein Neuerer unter den von Gott Gesandten ist. Dass er nur wiederholt und neu formuliert, was andere vor ihm schon gesagt haben. Zudem betont er, dass er kein Wahrsager ist und die Zukunft nicht kennt. Seine Aufgabe besteht nur darin, die Menschen vor einem gottlosen Leben zu warnen. Dies wird in Sure 15:89 noch einmal betont: *„Und sprich: ‚Seht, ich bin nur der deutliche Warner.'"*

Warner sind lebenswichtig. Sie retten Leben, indem sie Nichtsahnende auf Gefahren hinweisen. Wenn im Krieg die warnende Luftsirene ertönt, rennen alle, um sich an einem sicheren Ort zu verstecken. Eine Warnung ist die Vorhersage eines möglichen kommenden Schadens, der aber noch abgewendet oder minimiert werden könnte. Sie lenkt die Aufmerksamkeit auf eine drohende Gefahr. Die Warnungen des Korans vor dem Jüngsten Tag sind gerade in der heutigen gottvergessenen Zeit so aktuell wie selten zuvor. Auffallend ist, dass es vor allem die ältesten Suren – die mekkanischen Suren – sind, die diese Warnungen enthalten. Im Hinblick auf seine ursprüngliche Berufung, Warner zu sein, enthält der Koran beeindruckende Texte.

Wir haben schon in der 4. Überraschung einige dramatische Verse aus Sure 75 zitiert. Auch Sure 79:6-14 ist aufsehenerregend: „*Eines Tages wird die Bebende erbeben, gefolgt von dem Darauffolgenden. An jenem Tage werden die Herzen erzittern (und) die Blicke gesenkt sein. Sprechen werden sie: ‚Werden wir wirklich in unseren früheren Zustand zurückgebracht? Selbst wenn wir verweste Gebeine waren?‘ Sie sprechen: ‚Dies wäre wahrlich eine verlustreiche Wiederkehr!‘ Da wird es nur einen einzigen Schrei geben – und schon sind sie aus der Erde hervorgekommen.*“

Sure 82:4-9 ist ähnlich erschütternd: „*Wenn die Gräber umgewühlt werden, dann weiß die Seele, was sie getan und was sie unterlassen hat. O Mensch! Was hat dich deinem großzügigen Herrn entfremdet, der dich erschaffen, gebildet und wohlgeformt hat, dich in der Gestalt, die Ihm beliebte, zusammengefügt hat? Doch nein! Ihr leugnet das Gericht.*“

50. Überraschung: **Barmherzigkeit ist die am häufigsten erwähnte Eigenschaft Gottes im Koran**

Die 99 Namen Allahs sind weltberühmt. Sie stammen aus dem Koran. Wer sie fehlerlos auswendig aufsagen kann, soll sich damit das Paradies gesichert haben, glauben viele Muslime. In Wirklichkeit werden aber in den 114 Suren weit mehr Eigenschaften Gottes genannt. Man hat bewusst nur 99 gewählt, denn damit soll ausgedrückt werden, dass es unmöglich ist, Gott in seiner Gänze zu beschreiben. Einige dieser Bezeichnungen von göttlichen Eigenschaften gefallen mir wirklich sehr: *„Er ist der Barmherzige, der Erbarmer. Er ist Gott, außer dem es keine Gottheit gibt, der König, der Heilige, der Frieden, der Gewährer von Sicherheit, der Beschützer, der Allmächtige, der Verbesserer, der Majestätische. Hoch erhaben ist Gott über all das, was sie anbeten! Er ist Gott, der Schöpfer, der Bildner, der Gestalter. Sein sind die schönsten Namen"* (Sure 59,23-24). Die Eigenschaft aber, mit der Gott sich im Koran am häufigsten beschreibt, ist die Barmherzigkeit. 113 der 114 koranischen Suren beginnen mit der Formel *„Bism Allah, arRahim, arRahman"* oder zu Deutsch: *„Im Namen Gottes, des Barmherzigen, des Erbarmers."*

Das Einzige, zu dem sich Gott im Koran „verpflichtet" hat, ist Barmherzigkeit. In Sure 6:12 heißt es: *„Er hat sich selbst der Barmherzigkeit verpflichtet."* Das erinnert mich an die Bibel. Auch dort wird die Geschichte eines Gottes erzählt, der zwar das Urteil über die Sünde spricht, aber schlussendlich einen Weg findet, um seine Barmherzigkeit über seinem gerechten Gericht leuchten zu lassen. Anklänge davon finden wir auch im Koran: *„Meine Strafe trifft, wen ich möchte, und meine Barm-*

herzigkeit umfasst alles" (7:156). Auch Mohammed soll Verkünder dieser Barmherzigkeit sein: *„Wir haben dich* [Mohammed] *lediglich als Barmherzigkeit in die Welt gesandt"* (21:107). Schließlich wird auch Jesus im Koran *„eine Barmherzigkeit"* genannt (Sure 19:21).

51. Überraschung: **Der Fluch gegen Onkel Uzza**

Man kann im Koran so viele positive Überraschungen finden. Ihre Erforschung hat mein Herz erwärmt, wie Sie, geneigter Leser, sicher schon gemerkt haben. Es ist unleugbar: Christen und Muslime haben mehr gemeinsam, als man gemeinhin denkt. Doch wenn ich das Buch an dieser Stelle abschließen würde, hätte ich Ihnen nur über einen Teil des Korans berichtet und dabei den Eindruck erweckt, dass dies das Ganze sei. Das wäre nicht fair. Warum sollten wir uns nicht auch über die Koranstellen Gedanken machen, die mich irritiert haben?

Gerade im Zusammenhang mit der Barmherzigkeit Gottes, auf die praktisch in jeder Sure mit denselben Worten hingewiesen wird, tauchte bei mir eines Tages die Frage auf, was denn damit genau gemeint sei. Erschreckt hat mich in dieser Hinsicht eine der letzten Suren, Sure 111. Sie handelt von einem Onkel Mohammeds, der sich weigerte, zum Islam überzutreten. Er hing an den alten Götzen und leistete Mohammed lange Zeit Widerstand. Während ich noch Sure 41:34 im Kopf hatte, wo der Ratschlag gegeben wird, schlechte Taten mit guten zu erwidern, damit man einen Feind zum

Freund gewinnt, wurde ich vom Inhalt dieser Sure überrascht. So wird der Onkel namens Abd al Uzza nur unter dem Namen „Abu Lahab“ (Vater der Flammen) erwähnt. Damit soll ausgedrückt werden, dass er bald im Höllenfeuer landen wird. Die Sure trägt den Titel „Die Palmfasern“ und beginnt wie folgt: *„Im Namen Allahs, des Erbarmers, des Barmherzigen. Zugrunde gehen sollen die Hände von Abu Lahab. Und er selbst soll zugrunde gehen! Sein Gut und sein Gewinn sollen ihm nichts nützen. Er wird in einem lodernden Feuer brennen. Und seine Frau wird das Brennholz tragen. Mit einem Strick aus Palmfasern um ihren Hals.“*

Obwohl auch diese Sure mit der üblichen Barmherzigkeitsformel beginnt, enthalten die restlichen Verse nur Verwünschungen. Wo sind das Erbarmen und die Barmherzigkeit geblieben, die im ersten Vers der Sure erwähnt werden? Ist ein derartiges Verfluchen als Vorbild für Muslime geeignet? Welche Bedeutung haben angesichts dieser Praxis jene Koranverse, die von Vergebung sprechen? Oder ist wahr, was oft behauptet wird: dass es im Islam Vergebung nur für andere Muslime gibt, nicht aber für Außenstehende?

Der älteste Biograf Mohammeds, Ibn Hischam, erzählt, Abd al Uzza sei aufgrund dieses Fluches an Pocken (oder giftigen Blattern) erkrankt und eines frühen Todes gestorben. Die Muslime glauben, dass dieser Fluch von Gott erhört worden sei – dass er also dem Willen Allahs entsprach. Diese Erkenntnis hat bei mir ein erstes großes Fragezeichen hinterlassen.

Tatsächlich fand ich in anderen Suren noch eine ganze Reihe weiterer Flüche über Menschen, die dem Propheten Widerstand leisteten.

Ja, es gibt solche Flüche auch in den Rachepsalmen des

ersten Testaments der Bibel. Unwillkürlich verglich ich diese Verse jedoch mit den Evangelien, in denen Jesus über die Feindesliebe spricht: „Liebt eure Feinde und bittet für die, die euch verfolgen", lehrt Matthäus 5,44. „Segnet, die euch fluchen, tut wohl denen, die euch hassen." Und: „Wenn dich jemand auf deine rechte Backe schlägt, dem biete die andere auch dar. Und wenn jemand mit dir rechten will und dir deinen Rock nehmen, dem lass auch den Mantel. Und wenn dich jemand nötigt, eine Meile mitzugehen, so geh mit ihm zwei." Im Neuen Testament gibt es eine ganze Fülle von Versen, die zeigen, dass Feindesliebe von Jesus und seinen Jüngern nicht nur gelehrt, sondern auch gelebt wurde. So ruft Jesus am Kreuz: „Vater, vergib ihnen, denn sie wissen nicht, was sie tun." Auch Stephanus, dessen Steinigung im 7. Kapitel der Apostelgeschichte beschrieben wird, bittet: „Herr, rechne ihnen diese Sünde nicht an." Mit mehreren eindrücklichen Geschichten ermutigte Jesus seine Jünger zur Feindesliebe, wie etwa dem Gleichnis vom barmherzigen Samariter und vom verlorenen Sohn (Lukas 10 und 15).

52. Überraschung: **Die drei Taten von Al-Khidr**

Eine weitere Koranstelle, die mich sehr irritierte, fand ich in Sure 18. Dort wird u. a. in den Versen 60-82 die Geschichte von Moses und Al-Khidr erzählt. Wer Al-Khidr gewesen ist, darüber gibt der Text keine klare Auskunft. Auch unter Muslimen ist seine Identität umstritten; so glauben manche zum

Beispiel, Al-Khidr sei unsterblich. Jedenfalls geht aus der Geschichte hervor, dass Al-Khidr ein Gottesmann gewesen ist, ein Prophet, der Gottes Absichten sogar besser durchschaute als Moses.

Während er also mit Moses unterwegs ist, begeht Al-Khidr drei unverständliche Taten: Zunächst macht er ein Loch in das Schiff armer Leute. Danach tötet er einen Jungen. Und als Letztes bessert er die Mauer einer Stadt aus, welche die beiden Propheten gerade unfreundlich abgewiesen hat. Moses protestiert jedes Mal, doch erhält er immer zur Antwort, dass er es später verstehen würde.

Die Erklärung folgt bald darauf: Al-Khidr machte ein Loch in das Schiff, um es vor Diebstahl zu schützen. Er wusste, dass ein Tyrann kommen würde, um es zu stehlen. Ein leckes Schiff ist aber für ihn nutzlos und die Besitzer könnten es später leicht wieder reparieren. Den Jungen brachte Al-Khidr um, weil er wusste, dass dieser, sollte er weiterleben, ein gottloses Leben führen und seine Eltern zur Abkehr vom Islam bringen würde. Er wusste auch, dass Gott ihnen einen neuen, besseren Sohn schenken würde. Die Stadtmauer schließlich flickte er, weil er wusste, dass sich darunter ein Schatz befand. Ein Vater hatte ihn dort vor seinem Tod für seine zwei Söhne versteckt. Doch er wäre von Dieben gestohlen worden, wenn die Mauer nicht ausgebessert worden wäre.

Man kann versuchen, in diesen Geschichten Lebensweisheiten zu entdecken. Doch gibt Al-Khidr für mich ein bedrohliches Bild ab. Ein Prophet, der aufgrund von göttlicher Inspiration Kinder tötet? Was soll das bedeuten? Und mehr noch: Ist es in Ordnung, jemanden zu töten, nur weil er ungläubig ist? Darf man Menschen für ihre Sünden strafen, bevor sie diese begangen haben? Ist es nicht gefährlich, derart heikle

Fragen so im Raum stehen zu lassen? Wenn Al-Khidr wirklich von Gott für diese Taten inspiriert war, dann könnten sich Terroristen zu Recht auf ihn berufen, wenn sie Nichtmuslime und sogar Kinder umbringen! Einen solchen Text hatte ich im Koran nicht erwartet.

53. Überraschung: **Ein würgender Engel**

Bis zu meinem Koranstudium ging ich davon aus, dass es in allen Religionen um eine persönliche Beziehung zu Gott geht. Es fiel mir aber bald auf, dass der Koran nie über dieses Thema spricht. Selbst der Prophet Mohammed hatte keine direkte Beziehung zu Gott, sondern nur vermittelt über den Engel Gabriel. So lesen wir in Sure 2:97: *„Er* [Gabriel] *ist es doch, der deinem Herzen mit Allahs Erlaubnis (den Koran) offenbarte als eine Bestätigung des Früheren."* Es war also nicht etwa Allah, wie ich zuvor gedacht hatte, sondern ein Engel, der mit Mohammed in Kontakt trat. Wann genau das geschah, ist nicht klar. Wir wissen nur, dass es im Monat Ramadan begann (Sure 97:2) und dass die erste an Mohammed offenbarte Sure die 96. Sure ist: *„Lies! Im Namen deines Herrn, der erschuf – erschuf den Menschen aus einem Blutgerinnsel. Lies!"*

Nach dem Bericht in der „Sire" (dem Lebenslauf des Propheten) von Ibn Hischam verlief jene erste Begegnung mit dem Engel allerdings nicht gerade erfreulich: *„‚Als ich schlief', so erzählte der Prophet später, ‚trat der Engel Gabriel zu mir mit einem Tuch wie aus Brokat, worauf etwas geschrieben stand, und sprach: ‚Lies!'*

‚Ich kann nicht lesen‘[27]*, erwiderte ich. Da presste er das Tuch auf mich, sodass ich dachte, es wäre mein Tod. Dann ließ er mich los und sagte wieder: ‚Lies!‘ ‚Ich kann nicht lesen‘, antwortete ich. Und wieder würgte er mich mit dem Tuch, dass ich dachte, ich müsste sterben. Und als er mich freigab, befahl er erneut: ‚Lies!‘ Und zum dritten Mal antwortete ich: ‚Ich kann nicht lesen.‘*

Als er mich dann nochmals fast zu Tode würgte, fragte ich aus Angst, er könnte es nochmals tun: ‚Was soll ich lesen?‘“[28]

Gemäß den Hadithe von Sahih al-Bukhari waren die Offenbarungen für Mohammed prinzipiell unangenehm: *„Wenn er* [der Engel] *sich nähert, höre ich einen summenden Ton, wie wenn Bienen um meinen Kopf schwirren oder wie wenn eine Glocke schellt oder wie wenn ein Eisen aufs andere schlägt. Dann weiß ich, ich muss sofort vom Pferd oder Kamel steigen, mich auf den Boden legen und mein Haupt bedecken. Dann kommt er, drückt mich auf den Boden, presst mir mit großer Kraft die Brust zusammen oder schlägt mich, sodass ich meine, sterben zu müssen. Dann redet er zu mir und prägt mir seine Worte ein, sodass ich sie nie mehr vergessen kann.“*

Besonders überraschend fand ich, dass der Koran berichtet, Gott habe direkt zu Moses geredet, Mohammed aber nur seinen Engel als Boten gesandt. Weder erzählt der Koran an einer Stelle, dass Mohammed eine persönliche Begegnung mit Gott hatte, noch verspricht er, eine persönliche Beziehung zu Gott vermitteln zu können.

---

27 wörtlich: „Ich lese/rezitiere nicht.“

28 Nach der Übersetzung von Gernod Rotter, Spohr Verlag, Kandern im Schwarzwald, 1999. Eine weitere Begegnung mit dem Engel wird in den Versen 2-18 der 53. Sure erzählt.

54. Überraschung:
Das Lieblingswort der Terroristen

Da wir in der Zeit des islamistischen Terrors leben, stellte ich mir wie viele andere die Frage, ob man den Terrorismus nicht auch mit dem Koran bekämpfen kann. Dabei war ich natürlich besonders an den positiven, versöhnlichen Versen interessiert, die es ja im Koran zur Genüge gibt. Da die Extremisten bestrebt sind, sich wortwörtlich nach dem Koran zu richten, wäre eigentlich zu hoffen, dass die Koranverse, die Toleranz lehren, sie eines Tages zur Vernunft bringen werden.

Doch leider musste ich feststellen, dass der Koran auch viele Texte enthält, welche andersdenkende Menschen nicht nur zu Feinden erklären, sondern sie mit einem bestimmten Begriff abstempeln. Als ich im Internet die Reden von Terroristen erforschte, fiel mir auf, dass ein bestimmtes Wort immer und immer wieder benutzt wird: das Wort „Kafir“ oder in der Mehrzahl „Kuffar“. Es ist offensichtlich ein Lieblingswort der Terroristen. Wenn islamische Terroristen Gefangenen den Kopf abschlagen, dann genügt ihnen meistens die Begründung, dass dieser Mensch ein Kafir sei.

„Kafir“ ist ein arabisches Wort und beinhaltet nicht nur die Bedeutung „ungläubig“, sondern auch „undankbar“. Der Gottlose, Undankbare hat auf Gottes Erde nichts zu suchen – so die Logik der Islamisten. Daher kann oder (je nach Grad des Extremismus) muss man ihn umbringen. Als die eigentlichen „Kuffar“ gelten die Heiden, welche Götzen anbeten oder an gar nichts glauben – also auch Atheisten. Doch der Koran bezeichnet auch Juden und Christen wiederholt als „Kuffar“ (so etwa in Sure 61:14, 5:17 und 5:44). Und das ist nicht belanglos.

Ganze 500-mal soll das menschenverachtende Wort „Kafir" im Koran vorkommen. Der Ausdruck ist an sich schon diskriminierend. Die meisten dieser Verse haben aber auch einen stark verurteilenden Ton, und manche bergen das Potenzial, Öl in das Feuer der Extremisten zu gießen. Es fiel mir auch auf, dass im deutschen Koran das Wort „Kafir" meist mit „Ungläubiger" wiedergegeben wird. Die passendere Übersetzung wäre aber „Ketzer". Dieses Wort gilt heute in der deutschen Sprache als tabu, in arabischen Ländern kann man es aber überall hören. Es gehört zum Alltag. Es prägt eine Kultur, in der es normal ist, andere zu verachten und zu diskriminieren, nur weil sie anders denken oder anders glauben. Und eine solche Kultur kann leicht zum Nährboden für terroristisches Gedankengut sein.

Hier einige Beispiele. Setzen Sie einmal anstelle von „Ungläubige" das Wort „Ketzer" ein, und behalten Sie im Hinterkopf, dass damit Sie und ich gemeint sein könnten:

Sure 8:12: *„Wahrlich, Ich werfe Schrecken in die Herzen der Ungläubigen. So haut auf ihre Nacken ein und haut ihnen auf alle Finger!"*

Sure 8:59: *„Lass die Ungläubigen nicht meinen, dass sie Uns entgehen könnten."*

Sure 47:4: *„Wenn ihr nun auf die Ungläubigen stoßt, dann schlagt auf sie ein* [wörtlich im Arabischen: schlagt auf ihre Nacken], *bis ihr sie niedergerungen habt."*

Sure 2:191: *„Und erschlagt die Ungläubigen, wo immer ihr auf sie stoßt."*

Sure 9:28: *„Siehe, die Ungläubigen sind unrein."*

Sure 8:55: *„Siehe, schlimmer als das Vieh sind vor Allah die Ungläubigen, die nicht glauben wollen."*

Sure 9:123: *„O ihr, die ihr glaubt! Kämpft gegen die Ungläubigen in eurer Nähe und lasst sie eure Härte spüren."*

Nicht nur das Wort „Kafir" erschütterte mich. Ich fand an vielen Stellen im Koran Passagen mit verurteilenden Versen über Andersdenkende wie „Sabäer", „Christen", „Juden", „Heiden" (Muschrikin) und „Heuchler". Diese Begriffe generalisieren und werfen ganze Gruppen in einen Topf, ohne zu differenzieren. Müssen sie nicht fast notgedrungen zu falschen Schuldzuweisungen führen? Gibt es denn „*die* Christen", „*die* Juden" und „*die* Heiden" überhaupt?

Mir fiel plötzlich auf, wie viele Stellen des Korans über andere Menschen urteilen. Einen Aufruf, nicht über andere zu richten, fand ich nirgends. Wie hätte ich mir gewünscht, die Worte Jesu im Koran zu finden: „Richtet nicht, auf dass ihr nicht gerichtet werdet. Denn nach welchem Recht ihr richtet, werdet ihr gerichtet werden; und nach welchem Maß ihr messt, wird euch zugemessen werden. Was siehst du aber den Splitter in deines Bruders Auge und nimmst nicht wahr den Balken in deinem Auge? Oder wie kannst du sagen zu deinem Bruder: ‚Halt, ich will dir den Splitter aus deinem Auge ziehen'?, und siehe, ein Balken ist in deinem Auge. Du Heuchler, zieh zuerst den Balken aus deinem Auge ..." Als eine Ehebrecherin gesteinigt werden sollte, erlaubte Jesus niemandem, über sie zu richten. Er rettete sie mit den bekannten Worten: „Wer ohne Sünde ist, werfe den ersten Stein." Leider habe ich im Koran nichts Vergleichbares gefunden. Der Koran stellt sich nirgends gegen richtendes Denken.

55. Überraschung: **Töten ist nicht prinzipiell verboten**

„Wer einen Menschen tötet, ist, als ob er die ganze Menschheit getötet hätte, und wer einen Menschen rettet, ist, als ob er die ganze Menschheit gerettet hätte" (gekürzte Fassung von Sure 5:32). Mithilfe dieses Verses erklärte ein bekannter islamischer Scheikh im Schweizer Fernsehen, dass der Islam das Töten verbiete. Wenn die Terroristen diese Worte ernst nehmen würden, ließe sich das ganze Gewaltproblem in kurzer Zeit lösen, erklärte er. Mithilfe des Korans sei es möglich, die Extremisten davon zu überzeugen, dass es falsch sei, Menschen umzubringen.

Leider ist das wohl nicht ganz so einfach, wie der gute Mann sich das vorstellt. Erstens richtet sich dieser Vers nicht an Muslime, sondern an Juden. Genauer steht dort: *„Aus diesem Grunde haben Wir den Kindern Israels angeordnet, dass wer einen Menschen tötet …"* Es handelt sich um einen Vers aus alten jüdischen Büchern, der im Koran nur zitiert wird.

Zweitens steht der Vers nicht isoliert da, sondern im Kontext der Geschichte von Kain, der seinen Bruder tötete. Dass jener Brudermord ein Verbrechen war, werden selbst Extremisten anerkennen. Somit können sie diesen Vers geflissentlich überlesen und sich lieber an den 500 Kafir-Versen orientieren.

Drittens gibt es noch einen Zusatz im Vers, der häufig überlesen wird. Tatsächlich steht dort: *„Wer einen Menschen tötet, ohne dass dieser einen Mord begangen oder Unheil im Lande angerichtet hat, ist, als ob er die ganze Menschheit getötet hätte …“* Es geht also hier keineswegs um ein generelles Tötungsverbot. Nur das Töten Unschuldiger wird verboten. So ist es den Terroristen leicht möglich, zu bestimmen, wer *„Unheil im Lande“* anrichtet. Menschen, die sich ihnen widersetzen, können sie also durchaus umbringen.

Viertens: Würden Muslime glauben, dass dieser Vers prinzipiell das Töten verbietet, hätten sie die Todesstrafe im Schariagesetz abgeschafft.

Fünftens verfolgt dieser Vers nicht das Ziel, Gewalt prinzipiell zu verbieten. Schon der nächste Vers enthält eine unverblümte Aufforderung zur Gewalt: *„Wahrlich, der gerechte Lohn derer, welche Allah und Seinen Gesandten bekämpfen und auf Erden Verderben stiften, ist es, dass viele von ihnen getötet oder gekreuzigt oder dass ihnen Hände und Füße wechselseitig abgeschlagen oder dass sie aus dem Land verbannt werden“* (Vers 33).

Unvorstellbar grausame und unmenschliche Strafen dürfen also im Namen Gottes verhängt werden. Für welche Verbrechen? Dafür, dass man sich gegen Gott und den Propheten stellt und dass man auf Erden *„Verderben stiftet“*. Das ist leider eine sehr ungenaue Beschreibung, die geradezu zu Missbrauch einlädt. Die meisten Koranausleger erklären allerdings, dass dieser Vers sich auf eine bestimmte Begebenheit im Leben Mohammeds beziehe. Als eine Bande besonders brutaler Diebe im Land gewütet habe, seien die Muslime gezwungen gewesen, diese auf genauso brutale Art zu bestrafen. Dieser Vers gelte keineswegs zu allen Zeiten und in jeder Situation.

Ich hoffe und bete von Herzen, dass alle Muslime das so sehen. Doch ich bezweifle das sehr. Solange man Millionen von Kindern beibringt, der Koran sei ein Buch, das seit Ewigkeit im Himmel aufbewahrt worden sei, wird es ihnen schwerfallen zu entscheiden, welche Verse sich nur auf bestimmte Situationen im Leben Mohammeds beziehen und welche nicht. Welche Teile des Korans galten nur damals und welche gelten für immer?

56. Überraschung: **Dschihad und „Öffnungskriege"**

Krieg und Gewalt hat es schon immer gegeben. In der Antike galten Krieger als sehr ehrbar, insofern sie ihre Waffen nicht dazu benutzten, die Zivilbevölkerung zu tyrannisieren. Wenn wir also vom Koran Pazifismus erwarten, dann ist das sicher überzogen. Auch in der Bibel wird von Kriegen berichtet, und nicht gerade wenigen. Problematisch wird es prinzipiell dann, wenn Religion mit Politik vermischt und dazu missbraucht wird, Überfälle und Ungerechtigkeit zu rechtfertigen. In diesem Punkt stimmen mir auch die meisten meiner muslimischen Freunde zu. Sie erklären, dass der Islam nur Verteidigungs- und keinesfalls Angriffskriege erlaube. Das nennt man „Dschihad", was „Heiliger Krieg" bedeutet. „Heilig", weil es gerechte Kriege sind, die nur zur Verteidigung geführt werden. Dazu zitieren sie entsprechende Koranverse: *„Und bekämpft auf Allahs Pfad, wer euch bekämpft, doch übertretet nicht. Siehe, Allah liebt nicht die Übertreter ... Greifen sie euch jedoch an, dann tötet sie ... Und wenn sie damit aufhören,* *sei keine Feindschaft mehr, außer gegen die, welche unterdrücken"* (Sure 2:190-193). Aus diesen Versen leitet sich das Prinzip ab, dass der Heilige Krieg (Dschihad) nur ein Verteidigungskrieg sein darf.

Als patriotischer Schweizer freute ich mich darüber, dass der Islam, wie meine Väter, nur an Verteidigungskriege glaubt. Darauf sind wir Schweizer stolz. Doch hat es auch in der Schweizer Geschichte Angriffskriege gegeben. So sind etwa der Aargau und die Westschweiz in gewaltsamen Angriffskriegen erobert worden. Deshalb war ich etwas kritisch. Ich fragte mich, ob es wirklich ein Volk gibt, das nie Angriffskriege geführt hat. Bilden die islamischen Völker hier die Ausnahme?

Mein Misstrauen wuchs, als ich Sure 48 las. Sie trägt den Titel „Al-Fath", was die meisten Koranübersetzungen mit „Der Sieg" übersetzen. Doch diese Übersetzung ist nicht ganz korrekt. „Der Sieg" heißt auf Arabisch „al Intisar". Der Begriff „Al-Fath" kommt von „öffnen". Es geht hier also um die „Öffnung" einer Stadt, das heißt deren Eroberung. Ich musste feststellen, dass es in der islamischen Theologie ganz offiziell den Begriff „Futuhat" gibt, was „Öffnungskriege" und entsprechend „Eroberungskriege" bedeutet. Unzählige Bücher sind darüber geschrieben worden.

In der Sure „Al-Fath" wird die Einnahme Mekkas gefeiert. Dabei geht es nicht zuletzt um die Beute: *„Allah hat euch reiche Beute versprochen und euch davon eilends schon zufallen lassen ... Noch andere (Siege), die noch nicht in eurer Reichweite sind, hat Allah vorgesehen. Und Allah hat Macht über alle Dinge"* (Sure 48:20a und 21). Ich stutzte. Wer Verteidigungskriege führt, dem geht es sicher nicht um Beute und auch nicht um Siege, *„die nicht in Reichweite sind"*. Diese Verse können eigentlich nur als Aufforderung zu weiteren Eroberungskriegen verstanden werden. Und das Tragische daran ist, dass sie im Namen der Religion geführt werden.

Als ich meine arabischen Freunde mit meiner Entdeckung konfrontierte, erklärten sie mir, ich hätte das falsch verstanden. Mekka sei ganz friedlich eingenommen worden. Gerade daher sei die Eroberung Mekkas ein Vorbild für friedliche Eroberungen. Tatsächlich las ich bei Ibn Hischam, dem ältesten Biografen Mohammeds, dass Mekka mit sehr wenig Blutvergießen eingenommen wurde. Die Muslime überfielen die Stadt, trotz eines Friedensvertrages, überraschend mit zehntausend Kriegern. Zudem versprachen sie, dass diejenigen, die zum Islam übertraten, am Leben gelassen würden.

Meine muslimischen Gesprächspartner erklärten mir daraufhin, dass der Friedensvertrag vorher schon von den Mekkanern gebrochen worden sei. Tatsächlich las ich bei Ibn Hischam, dass Verbündete der Mekkaner einige Verbündete der Muslime überfielen und töteten. Daraufhin ging Abu Sufjan, der Stammesführer, von Mekka nach Medina, um sich bei den Muslimen zu entschuldigen und Schadenersatz zu zahlen. Doch Mohammed empfing ihn nicht. Er sammelte bereits eine große Armee, um Mekka zu überfallen. Abu Sufjan flehte die Muslime an, den Friedensvertrag zu erneuern. Stattdessen drohten sie, ihn umzubringen, wenn er nicht zum Islam übertreten würde. Er nahm den Islam an und machte sich sofort auf den Weg nach Mekka, um seine Leute zu überzeugen, die Stadt nicht zu verteidigen, da sie gegen eine derartige Übermacht keine Chance hatten. So verhinderte Abu Sufjan ein großes Blutvergießen. Die Mekkaner retteten ihr Leben, indem sie allesamt zum Islam übertraten. Aber was wäre geschehen, wenn sie dazu nicht bereit gewesen wären?

Seither diskutieren die islamischen Theologen darüber, unter welchen Bedingungen Muslime ein nicht islamisches Land überfallen und „öffnen" dürfen. Dabei gilt immer die Regel: Wenn die Angegriffenen zum Islam übertreten, werden sie nicht getötet. Nicht so klar ist, was mit denen passiert, die nicht Muslime werden. Ein Vers aus Sure 2:190 besagt: Man soll nur diejenigen töten, welche auch Muslime getötet haben. Doch es gibt auch andere Verse, auf die sich Muslime – zu Recht oder Unrecht – berufen können, wie zum Beispiel Sure 9:5-6: *„Tötet die Götzendiener, wo immer ihr sie findet, und ergreift sie und belagert sie und lauert ihnen aus jedem Hinterhalt auf. Wenn sie aber bereuen, das Gebet verrichten und die Abgabe entrichten, dann lasst sie ihres Weges ziehen!"* Es kann also nach der Einnahme eines Landes mit Härte oder mit Güte vorgegangen werden. In der Geschichte gab es Beispiele für beides. Es ändert aber nichts daran, dass der Koran Eroberungskriege im Namen der Religion lehrt und als weiteres Motiv mit der zu erwartenden Beute lockt. Die 8. Sure trägt sogar den Namen „Die Beute".

57. Überraschung: **Überfall auf Unbewaffnete**

Seit ich wusste, dass „Futuhat" (Eroberungskriege) im Namen der Religion im Koran legitimiert sind, war ich nicht überrascht zu erfahren, dass alle Kalifen (Führer des islamischen Reiches) Eroberungskriege geführt haben – auch die ersten vier sogenannten „Rechtgeleiteten Kalifen" Abu Bakr, Omar, Othman und Ali. Der Prophet Mohammed selbst hat sich zu

Beginn seines Wirkens geweigert, zum Schwert zu greifen. In dem Film „Die Botschaft“, der seine Lebensgeschichte erzählt, ist es sein Neffe Hamza, der ihn schließlich dazu überredet, Gewalt anzuwenden. Auch in der ältesten Biografie Mohammeds von Ibn Hischam finden sich Hinweise darauf, dass der arabische Prophet zuerst keinen Krieg wollte. So zeigte er Missfallen, als ein muslimischer Trupp eine mekkanische Karawane überfiel und die Beute mit nach Medina brachte. Anstatt die Kämpfer zu loben und die Beute zu verteilen, schwieg er und ließ die Kamele die ganze Nacht beladen stehen. Erst am nächsten Morgen verteilte er den Raub. Doch bald schon zog er selbst aus, um eine noch viel größere Karawane zu überfallen. Abu Sufian, der wachsame Leiter der Karawane, erkannte die Gefahr, änderte seine Route und rief die Mekkaner zu Hilfe, die sich sofort auf den Weg machten, um ihre Karawane zu retten. Die Muslime ließen die Karawane ziehen und stellten sich dem Rettungskommando entgegen, das sie in der Schlacht bei den Brunnen von Badr besiegten. Auf diese Ereignisse und die darauf folgenden Probleme wegen der Verteilung der Beute bezieht sich die 8. Sure namens „Die Beute“.

Die Verse 5-6 erzählen, dass ein Teil der Muslime sich weigerte, sich dem Kampf mit den Mekkanern zu stellen. Sie wollten lieber die Karawane überfallen. *„Damals verhieß euch Allah, dass eine der beiden Gruppen euer sein solle, und ihr wünschtet, dass es die unbewaffnete sein würde“* (Vers 7). Dieser Vers machte mich stutzig. Steht da tatsächlich „unbewaffnet“? Heißt das, dass die Muslime ausgezogen waren, um Unbewaffnete zu überfallen, nur um Beute zu machen? Auch wenn der Überfall damals misslang, weil die Karawane entwischte, während sich Muslime und Mekkaner in der Schlacht von

Badr bekämpften, fragte ich mich, ob die Bereitschaft, unbewaffnete Menschen zu überfallen und zu berauben, nicht ein Tabubruch sei. Unschuldige Menschen kidnappen und umbringen oder gegen Lösegeld wieder freilassen – genau das tun ja heute Terroristen, und das ist es auch, was sie so verwerflich macht. Vergessen scheint das Prinzip, dass Muslime den Gegner nur angreifen sollen, wenn dieser zuerst angreift. Stattdessen wurden Überfälle auf nicht muslimische Dörfer zunehmend selbstverständlich, wie sowohl die Hadithe als auch Ibn Hischam berichten.

Man kann vielleicht Verständnis dafür aufbringen, dass die ersten Muslime begannen, mekkanische Karawanen zu überfallen. Schließlich waren sie zu Unrecht aus Mekka vertrieben worden. Und in Medina fanden sie keine Arbeit. So glaubten sie, das Recht zu haben, sich zurückzuholen, was ihnen genommen worden war.

Dennoch hat die Überzeugung, dass Eroberungskriege und der Raub wertvoller Beute ein von Gott versprochenes Recht und ein himmlischer Segen für Muslime sei, in der Geschichte des Islam zu vielen ungerechten Kriegen geführt. Ganze Völker wurden unterjocht und als Besitz betrachtet. In Sure 8:41 heißt es: *„Und wisset: Wenn ihr etwas erbeutet, gehört der fünfte Teil davon Allah und dem Gesandten.“* Zur Zeit des Osmanischen Reiches wurde den christlichen Untertanen aufgrund dieses Verses ein Fünftel der Jungen genommen. Sie wurden vom Staat zu Soldaten erzogen: die sogenannten Janitscharen, die nicht heiraten durften und unter ständiger Indoktrination fanatisiert wurden. Dank ihrer war das Osmanische Reich über Jahrhunderte unschlagbar.

„Der blinde Sheikh“, Omar Abdel Rahman, ein ehemaliger Dozent der Al-Azhar-Universität und einer der Rädelsführer des 9/11-Überfalles auf New York, soll gesagt haben: „Ich habe im Koran keine Sure mit der Überschrift ‚Frieden' gefunden, wohl aber eine, die ‚Beute' heißt." Ihm konnte niemand widersprechen und so ist er einer der Väter des modernen Terrorismus geworden.

Um dem Terrorismus den Nährboden zu entziehen, müssten moderne Muslime konsequent lehren, dass es unislamisch ist, unbewaffnete Menschen anzugreifen. Was nicht leicht sein wird, da der Koran davon berichtet, dass selbst Mohammed Unbewaffnete angegriffen hat.

58. Überraschung:
Wer als Heuchler bezeichnet wird

„Rückt aus, leicht oder schwer (ausgerüstet), und setzt euch ein mit Gut und Blut auf Allahs Weg. Dies ist besser für euch, wenn ihr es nur begreifen würdet" (Sure 9:41). In diesem Vers ist das Anliegen der 9. Sure zusammengefasst. Ein großes Opfer wird gefordert, weil ein entfernter Feind angegriffen werden soll, wie Vers 42 betont: *„Wäre ein aus der Nähe winkender Gewinn und eine bequeme Reise in Aussicht gewesen, wahrlich, sie wären dir* [Mohammed] *gefolgt. Aber die Entfernung war ihnen zu groß."* Um einen Verteidigungskrieg kann es sich also in diesem Fall nicht gehandelt haben.

Offensichtlich sind nicht alle Muslime bereit, sich diesem Kriegszug anzuschließen. Nicht wenige Verse dieser Sure richten sich an diejenigen, die gemütlich zu Hause bleiben wollen, anstatt die Opfer dieses Kriegszuges auf sich zu nehmen. Sie wollen nicht nur sich selbst, sondern auch ihren Geldbeutel schonen. Deshalb werden sie als unechte Muslime bezeichnet und als „Heuchler" beschimpft. Und es werden ihnen böse Strafen angedroht: *„Aber wer da Gold und Silber hortet, statt es auf Allahs Weg auszugeben: Ihnen verheiße schmerzliche Strafe. An einem Tage, da das (Edelmetall) im Höllenfeuer glühend gemacht wird: Gebrandmarkt werden sollen damit ihre Stirnen, Seiten und Rücken. ‚Das ist es, was ihr für euch gehortet hattet; so kostet, was ihr gehortet habt!'"* (Verse 34-35). Sogar die Hölle wird ihnen angedroht, und zwar die ewige, obwohl sie sich doch eigentlich zum Islam bekennen: *„Allah hat den Heuchlern und Heuchlerinnen und den Ungläubigen das Feuer der Hölle versprochen, ewig darin zu verweilen"* (Vers 68).

Mohammed soll sie aber auch schon hier hart bestrafen: *„O du Prophet! Kämpfe gegen die Ungläubigen und die Scheinheiligen und verfahre mit ihnen hart. Die Hölle ist ihre Herberge, und schlimm ist die Fahrt (dorthin)"* (Vers 73). Er darf noch nicht einmal bei Gott für sie um Vergebung bitten: *„Auch wenn du siebzigmal um Verzeihung für sie bätest, so wird ihnen Allah doch niemals verzeihen"* (Vers 80). Auch soll er niemals an der Beerdigung dieser Menschen teilnehmen, das heißt, er soll sie von da an gesellschaftlich ächten: *„Und bete nie über einen von ihnen, wenn er stirbt, und stehe nicht an seinem Grab"* (Vers 84). *„Und wenn immer eine Sure herabgesandt wird (des Inhalts): ‚Glaubt an Allah und kämpft gemeinsam mit dem Gesandten!', baten dich die Begüterten unter ihnen um Freistellung und sprachen: ‚Lass uns bei den (Daheim-)Bleibenden'"* (Vers 86). *„Wahrlich, sie werden euch bei Allah beschwören, wenn ihr zu ihnen zurückgekehrt seid, dass ihr von ihnen ablasst. Überlasst sie sich selbst! Siehe, sie sind ein Gräuel. Ihre Herberge ist die Hölle, als Lohn für ihr Tun"* (Vers 95).

Es scheint leicht zu sein, ein Muslim zu werden. Man müsse nur das Glaubensbekenntnis aufsagen und schon gehöre man dazu. Dies haben mir viele Muslime erklärt. Doch hier lese ich etwas ganz anderes. Nach Sure 9 sind diejenigen, die nicht bereit sind, für den Islam in den Krieg zu ziehen, keine echten Muslime. Man kann natürlich sagen, das sei damals eine Ausnahmesituation gewesen. Ich hoffe es. Andererseits ist die 9. Sure eine lange Sure, sie steht am Anfang des Korans und fällt so ins Gewicht. Zudem ist es immer heikel zu behaupten, Koranverse würden sich auf Ausnahmesituationen beziehen, wenn doch zugleich gelehrt wird, der Koran sei ein ewiges und unfehlbares Buch. Wieso befinden sich denn diese Verse überhaupt in Allahs Buch?

Der 111. Vers von Sure 9 erklärt übrigens, weshalb jeder Muslim zum Heiligen Krieg verpflichtet ist: *„Siehe, Allah hat von den Gläubigen ihr Leben und ihren Besitz mit dem Paradies erkauft. Sie kämpfen auf Allahs Weg, töten und werden getötet. Das ist ein Ihn bindendes Versprechen ... Freut euch daher des Tauschhandels, den ihr abgeschlossen habt.“* Das heißt: Wenn ein Mensch Muslim wird, geht er – ob ihm dies bewusst ist oder nicht – einen Tauschhandel ein. Er erhält das Paradies. Aber nicht etwa als ein Geschenk, sondern der Preis dafür ist, dass er sein Leben und seinen Besitz zum Tausch hingibt. Er ist gefordert, Besitz und Leben einzusetzen, indem er auf Allahs Weg kämpft und tötet, bis er selbst getötet wird. Es handelt sich um ein „bindendes Versprechen“, das heißt, wenn er nicht bereit ist, dies zu tun, ist er gemäß diesen Versen gar kein Muslim. Er hat auch kein Anrecht auf das Paradies, denn dieses erhält man nur, wenn man Leben und Besitz im Krieg hingibt.

Nicht nur in der 9. Sure werden sogenannte „Heuchler“ verurteilt. In Sure 4:88-89 wird sogar das Todesurteil über sie verkündet: *„Weshalb seid ihr über die Heuchler in zwei Parteien gespalten, wo Allah sie doch wegen ihres Verhaltens verworfen hat? ... Und wenn sie den Rücken kehren, ergreift und tötet sie, wo immer ihr sie findet.“*

Auf diesen Vers berufen sich Terroristen, wenn sie gemäßigte Muslime töten. Doch was ist mit den Worten *„wenn sie den Rücken kehren“* wirklich gemeint? Geht es hier vielleicht um Soldaten, die im Krieg vor dem Feind geflohen sind? So ist der Vers von vielen verstanden worden, und manche hohen Offiziere sind mit dem Tod bestraft worden, weil sie einen Krieg verloren hatten und vor dem Feind geflohen waren.

Oder sind in diesem Vers vielleicht Menschen gemeint, die vom Islam abfallen und so *„den Rücken kehren“*? Auch diese Bedeutung lesen viele Muslime aus Sure 4:88-89 heraus. Darauf gründet sich die weitverbreitete Überzeugung, dass es Gottes Wille sei, Exmuslime zu töten. Und es wird tatsächlich auch praktiziert, wie ich wiederholt erleben musste.

Wenn es also unter Umständen schon genügt, sich zu weigern, in den Krieg zu ziehen, um als „Heuchler“ zu gelten und in Lebensgefahr zu geraten, wie viel gefährlicher leben dann Exmuslime! Zwar steht in Sure 2 nach wie vor, dass es in Religionsfragen keinen Zwang geben dürfe. Nichtsdestotrotz begibt sich heute jeder, der den Islam offiziell verlässt, in Lebensgefahr. Offenbar können die toleranten Koranverse den fanatischen oft nicht die Waage halten.

Ein Beispiel dazu: Nach dem Tod Mohammeds fielen einige arabische Stämme vom Islam ab. Abu Bakr, der erste islamische Kalif, ließ sie nicht gewähren, sondern begann sofort die sogenannten Apostasiekriege[29], durch die er sie auf blutige Weise zwang, zum Islam zurückzukehren. Offenbar hatten diese Stämme den Islam nur in Verbindung mit Mohammed angenommen. Nach seinem Tod wandten sie sich wieder ihren eigenen Propheten zu. Warum ließ Abu Bakr diesen Stämmen nicht die Freiheit, zu ihren eigenen Propheten zurückzukehren? Offenbar glaubte er, dass es nicht möglich sei, den Islam zu verlassen. Die Menschen müssten notfalls mit Gewalt wieder zurückgezwungen werden. Kann es sein, dass der Nachfolger und beste Freund Mohammeds den Islam falsch verstanden hatte?

59. Überraschung: **Rache auf göttlichen Befehl**

Als interkultureller Berater mit guten Arabischkenntnissen lerne ich laufend neue Asylsuchende kennen. Wie überrascht war ich, als ich zum ersten Mal entdeckte, dass Menschen nicht nur vor Krieg und Terrorismus fliehen, sondern oft auch vor Bluträchern. Und wie verblüfft war ich, als einer von ihnen behauptete, der Befehl zur Blutrache sei im Koran zu finden!

Es ist sicher nicht so, dass der Koran das Konzept der Vergebung nicht kennt. Welche menschliche Gemeinschaft könnte ohne sie überleben? Aber es gibt auch Verse, die von Vergeltung sprechen. In Sure 2:178 wird Rache sogar befoh-

29 Harb ar-Ridda (Ridda-Kriege), 632–633

len: *„Euch ist Wiedervergeltung für die Getöteten vorgeschrieben: der Freie für den Freien, der Unfreie für den Unfreien und die Frau für die Frau.“* Die gleiche Idee wird in Sure 17:33 etwas anders formuliert: *„Wurde aber jemand rechtswidrig getötet, so geben Wir seinem Nächsten Vollmacht (zur Vergeltung). Doch er soll im Töten nicht maßlos sein.“* Tatsächlich wird an einer Stelle auch von der Möglichkeit gesprochen, dass die bedrohte Familie sich mit Lösegeld freikaufen könne, wenn der Rächer damit einverstanden sei. Doch das ist leider nur als Möglichkeit erwähnt, nicht als Befehl. Was wohl auch der Grund ist, warum es sich nicht überall durchgesetzt hat.

Was der Koran hier befiehlt, ist anders als das, was ich erwartet hatte. Es geht nicht darum, den Schuldigen zu strafen, sondern jemanden aus seiner Sippe umzubringen. Dieses System war früher bei vielen Naturvölkern üblich, nicht nur bei den arabischen Beduinen. Als es noch keinen Staat, keine Polizei und kein Militär gab, mussten die Menschen selbst für ihren Schutz sorgen. Da der Einzelne nicht als Individuum überleben konnte, sondern nur im Familienverband, war es möglich, ihn dadurch zu strafen, dass man jemanden aus seiner Familie umbrachte. Oft begann so ein Todeskreislauf: Die Angehörigen des aus Rache Getöteten konnten diese große Ungerechtigkeit und Schande natürlich ebenso wenig auf sich sitzen lassen. Und auch sie standen unter dem Befehl des Korans, Wiedervergeltung zu üben. So ging das Morden immer weiter.

Tatsächlich leiden viele islamische Länder bis heute unter der grausamen Blutrache. Millionen von Menschen sind im Laufe der Geschichte auf diese Weise ermordet worden, ganze Familienverbände ausgerottet. Unzählige mussten aus ihrer Heimat fliehen, weil Mord und Gegenmord einfach nicht aufhören wollten. Der göttliche Befehl zur Rache wird von einer Generation an die nächste weitergegeben, sodass Kriege immer wieder von Neuem entflammen und die Versöhnung ganzer Völker unmöglich wird.

Auch das mosaische Gesetz kannte das Gebot „Auge um Auge und Zahn um Zahn". Doch dieses Gebot unterschied sich in seiner Wirkungsgeschichte entscheidend von der Blutrache. Ein Ältestenrat stellte in Israel fest, wer schuldig war, und verordnete, dass diesem der gleiche Schaden zugefügt wurde, den er angerichtet hatte. Damit war der Fall erledigt. Kein Unschuldiger wurde ermordet. Kein Gegenmord folgte. Beim Befehl des Korans ist das anders: *„Ein Freier für einen Freien"*, da wird nicht gefragt, wer der Schuldige ist, sondern irgendeiner von der anderen Sippe erschlagen, insofern er frei ist. Das bedeutet: Ein Sklave würde nicht genügen.

Hier haben wir es also mit Blutrache zu tun, einer Form des Ehrenmordes. Im Arabischen nennt man sie auch „das Waschen des Blutes". Und Menschen, die die Blutrache ausüben, können sich auf den Koran berufen.

60. Überraschung: Warnung vor Christen

Erinnern Sie sich an die freundlichen Verse über die „Völker der Bücher", das heißt die Juden und Christen? Es gibt aber leider auch christenfeindliche Verse. So warnt Sure 5:51 davor, Juden und Christen zu Freunden zu nehmen, denn *„sie nehmen einander zu Freunden. Wer von euch sie zu Freunden nimmt, siehe, der wird einer von ihnen. Fürwahr, Allah leitet* *ungerechte Leute nicht.“* Hatte nicht Mohammed selbst einen Christen zum Freund, Waraqa Ibn Naufal, ohne „einer von ihnen“ zu werden?

Eigenartig, weder in der Biografie des Propheten Mohammed noch im Koran steht irgendetwas Negatives, das Christen den Muslimen angetan hätten. Woher kommt plötzlich dieses Misstrauen? Man kann nur vermuten, dass es mit einem Besuch zu tun hatte.

Auf freundschaftlicher Basis kam eine christliche Delegation aus dem Jemen nach Medina, und man diskutierte miteinander, berichtet uns Ibn Hischam. Es muss allerdings bei dieser Begegnung recht heiß zugegangen sein, denn in Sure 3:61 ruft Mohammed aus: *„Kommt herbei! Lasst uns unsere Söhne und eure Söhne rufen, unsere Frauen und eure Frauen, uns selbst und euch. Dann wollen wir zu Allah flehen und Seinen Fluch auf die Lügner herabbeschwören.“* Es ging offenbar aus islamischer Sicht nicht nur um eine harmlose Diskussion, sondern darum herauszufinden, welche von beiden Parteien „die Lügner“ seien. Diese sollten dann fortan als verflucht gelten. Was genau bei dieser Prüfung geschah, ist uns nicht überliefert. Der aufmerksame Beobachter stellt aber nach dieser Begebenheit eine Veränderung in den muslimisch-christlichen Beziehungen fest. Forthin standen die Christen vor dem Dilemma, entweder den Islam anzunehmen oder als Lügner, das heißt als „Feinde Allahs“, zu gelten. In manchen Versen ist ab diesem Zeitpunkt ein negatives Christenbild festzustellen (z. B. 2:111; 2:120; 2:135; 2:140; 3:67; 5:18; 9:30).

Interessant ist ja, dass gerade die 3. Sure viele Aussagen über Johannes, Maria und Jesus enthält. Offenbar sind die Muslime in jenen Diskussionen den Christen sehr weit entgegengekommen, um einen gemeinsamen Nenner zu finden. Als dies dann nicht gelang, wurde aus Freundschaft Feindschaft.

Wir finden also im Koran beides: freundliche, tolerante Verse, die Muslime, Christen und Juden auf eine Stufe stellen. Aber auch Aussagen, dass jeder, der Gott einen Sohn zur Seite stellt, ein Gotteslästerer ist. Daher sind sich viele Muslime bis heute nicht im Klaren darüber, wie sie mit Christen umgehen sollen. Sollen sie, wie Sure 9:31 nahelegt, Juden und Christen gewaltsam unterjochen? Oder sollen sie sie als fast gleichwertige Geschwister im Glauben an den einen Gott ehren? *„Streitet nicht mit dem Volk der Schrift, es sei denn auf beste Art und Weise, außer mit jenen von ihnen, die unrecht handeln. Und sprecht: ‚Wir* [Muslime] *glauben an das, was zu uns herabgesandt wurde* [Koran] *und was zu euch herabgesandt wurde* [Bibel]. *Unser Gott und euer Gott ist ein und derselbe. Und Ihm sind wir ergeben"* (Sure 29:46). Kein Wunder, dass die Koranausleger manchmal mit dem Satz schließen: Allah alleine weiß, wie es wirklich ist!

Das Vorbild Mohammeds ist in dieser Beziehung allerdings erschreckend eindeutig. Er begegnete von jenem Tag an allen Christen feindselig. Zwei Armeen schickte er nordwärts gegen die syrischen Christen. Beim ersten Mal wurden die Muslime in der Schlacht von Muta geschlagen, beim zweiten Mal siegten sie. Andere Krieger sandte er in den Süden, wo sie die jemenitischen Christen, mit denen sie zuvor diskutiert hatten, überfielen und unterjochten. So schildert es die Biografie Mohammeds nach Ibn Hischam, die für alle gebildeten Sunniten eines der heiligen Bücher ist.

61. Überraschung:
Die Juden haben einen Gottessohn

Die christenfeindlichen Verse im Koran waren mir lange ein Rätsel. Mit der Zeit fand ich heraus, dass der Koran uns Christen das Gleiche vorwirft wie die Juden einst dem Messias. So heißt es etwa in Sure 5:17: „*Wahrlich, ungläubig sind, die da behaupten: Allah, das ist gewiss der Messias, der Sohn der Maria.*" Am Anfang habe ich über derartige Verse hinweggelesen. Dennoch steht dort nicht „andersgläubig", sondern „ungläubig", und wie ich inzwischen weiß, ist „ungläubig" im Koran meistens die Übersetzung des Wortes „Kuffar" („Ketzer"). Und das ist, wie wir in Überraschung 54 gesehen haben, das Lieblingswort der Terroristen.

Und noch ein Rätsel musste ich lösen: Wenn Muslime und Juden beide die Einheit des einen Gottes betonen und das Christentum der Vielgötterei bezichtigen, woher kommen dann die judenfeindlichen Verse, die ich im Koran noch viel häufiger fand als christenfeindliche?

Eine Antwort fand ich in Sure 9:29-31: „*Bekämpft jene der Schriftbesitzer, die nicht an Allah und den Jüngsten Tag glauben und nicht verbieten, was Allah und Sein Gesandter verboten haben, und nicht dem wahren Glauben folgen, bis sie, sich unterwerfend, die Steuer freiwillig entrichten. Und die Juden sagen: ‚Esra ist Allahs Sohn.' Und die Christen sagen: ‚Der Messias ist Allahs Sohn.' So spricht ihr Mund. Sie führen eine ähnliche Rede wie die Ungläubigen vor ihnen. Allahs Fluch über sie! Wie sind sie doch völlig ohne Verstand! Sie nehmen ihre Rabbiner und Mönche und den Messias, Sohn der Maria, neben Allah zu Herren an, obwohl ihnen doch allein geboten war, dem einzigen Gott zu dienen.*"

Niemals zuvor hatte ich gehört, dass Juden Esra als Sohn

Gottes verehren. Esra, nach dem ein Buch im Alten Testament benannt ist, spielt im Judentum eine weit weniger prominente Rolle als etwa Josef, Mose, David oder Salomo. Dass der Koran nun ausgerechnet den monotheistischen Juden nachsagt, sie würden Esra als Gottes Sohn verehren, entbehrt meines Erachtens jeder historischen Grundlage. Weiter wird Juden und Christen vorgeworfen, ihre Rabbiner und Mönche *„als Herren neben dem wahren Gott"* zu verehren. Auch das ist schwer nachvollziehbar.

Noch etwas stört mich an diesem Vers: der Aufruf, gegen Menschen zu kämpfen, nur weil sie einen anderen Glauben haben. Zunächst scheint es, dass nur der Teil der Schriftbesitzer gemeint ist, der gar nichts glaubt. Doch dann kommen noch diejenigen dazu, *„welche nicht verbieten, was Allah und Mohammed verbieten"*, und nicht dem *„wahren Glauben"* folgen. Es soll also jeder bekämpft werden, der nicht Mohammed nachfolgt, Juden und Christen eingeschlossen. Ziel des Kampfes ist es, alle zu zwingen, sich zu unterwerfen und die Gizya-Steuer freiwillig zu entrichten. Ist es nicht eigenartig, jemanden dazu zu zwingen, etwas freiwillig zu tun? Auch die letzten Worte des 29. Verses – „hum saghirun" – hinterlassen bei mir gemischte Gefühle. „Saghir" bedeutet „klein". Es geht also darum, die Christen „kleinzumachen". Das ist offenbar das Ziel.

Wie hoch die Gizya-Steuer ist, bleibt offen. Nach Ibn Hischam mussten die Juden von Chaibar nach ihrer Unterwerfung jedes Jahr 50 Prozent der Ernte abliefern. Das war zu Lebzeiten Mohammeds. Geschichtsforscher haben festgestellt, dass diese Steuer in islamischen Ländern später zwischen 20 Prozent und 80 Prozent betragen konnte.[30] Manche

30 S. Lane-Poole & A. Gilman: „The Moors in Spain" (Vol. 6). T. Fisher, 1893. S. 40–62

mussten sich in die Sklaverei verkaufen lassen, weil sie durch diese Abgaben überfordert waren.

„Unterwerfen" sollen sich die Christen und Juden und freiwillig die Steuer bezahlen. Heute müssen das erste Mal in der Geschichte Muslime unter einem jüdischen Staat leben. Palästinenser empfinden die Herrschaft Israels als ungerechte Unterjochung. Und doch ist es nichts anderes als das, was Sure 9:29 erlaubt. Nur unter umgekehrten Vorzeichen. Eines ist klar: Unterwerfung schafft Bitterkeit, egal, wer der Unterdrücker und wer der Unterdrückte ist.

62. Überraschung: **Juda war kein Jude**

In Sure 2:140 las ich etwas, das mich verblüffte: *„Oder wollt ihr etwa behaupten, dass Abraham und Ismael und Isaak und Jakob und die Stämme Juden waren oder Christen?"* Nun, dass sie Christen gewesen seien, wird wohl kaum einer behaupten, selbst wenn wir Christen uns auf sie berufen. Aber dass sie keine Juden sein sollen, das konnte ich nun doch nicht ganz einordnen.

Einige Korankommentare erklären diesen Vers so, dass zu der Zeit der Väter das Gesetz des Mose noch nicht vorgelegen habe. Erst durch dieses Gesetz sei das Volk jüdisch geworden. Dieser Erklärungsversuch widerspricht allerdings den historischen Fakten. Der Begriff „Juden" wird etymologisch von „Juda" abgeleitet, einem der Söhne Jakobs. Wie könnte er also kein Jude gewesen sein, wo das ganze Volk sich doch auf seinen Namen bezieht?

Nicht nur dieser eine, sondern ganze hunderteins Verse der 2. Sure sind den Juden gewidmet, die Verse 40 bis 140. Dies ist kein Zufall, denn diese Sure stammt aus der frühen Medina-Zeit, in der die Auseinandersetzung Mohammeds mit den Juden begann. Obwohl am Anfang noch einzelne freundliche Verse stehen (besonders Vers 62), ist der Grundtenor zunehmend feindselig. Ungehorsam gegen Gott wird dem jüdischen Volk zur Last gelegt sowie dass einige von ihnen Verse aufschreiben und als Bibelverse ausgeben, die gar keine sind. Weil sie den Islam nicht annehmen wollen, werden die Juden zu Ungläubigen erklärt. Die Wunder Gottes, die er an dem Volk der Juden gemäß ihren eigenen Schriften getan hat, und ihr wiederholter Unglaube im Laufe der Geschichte werden nun einzeln aufgezählt. Es wird der Eindruck erweckt, dass die Schuld des jüdischen Volkes immer größer wurde. Schließlich habe Gott sie wegen ihres Unglaubens verflucht (Vers 88 und 89). Sie seien Feinde der Engel Gabriel und Michael und deshalb sei auch Allah ihr Feind (Vers 98). Sie gelten als Frevler, weil sie nicht an den Koran glauben (Vers 99). Anschließend wird die Geschichte Abrahams erzählt, der sagt, dass die Verheißungen Gottes an ihn und seine Nachkommen nicht für „Ungerechte" gelten. Damit sind offenbar die Juden gemeint, welche somit aus Gottes Bund ausgeschlossen seien. Folgerichtig wird in Vers 127 erzählt, dass Abraham und Ismael ein nicht jüdisches Gebetshaus in Mekka erbaut hätten, die Kaaba, worin sie sich als Muslime Gott hingegeben hätten. Sie haben einen neuen Anfang gemacht, denn von den Juden wird in Vers 134 und 141 gesagt: *„Jenes Volk ist nun Vergangenheit"* und: *„Glauben sie demnach, was ihr glaubt, so sind sie rechtgeleitet. Wenden sie sich jedoch ab, so sind sie Abtrünnige."*

Hier also vollzieht sich der Bruch. Die frühere religiöse Toleranz kommt an ein Ende. Die Juden werden aber nicht einfach fallen gelassen, sondern zu Feinden Allahs erklärt. Sie sind nun „Vergangenheit“. Folgerichtig verändert Mohammed nach diesem Bruch (nachzulesen in den Versen 142 ff.) die Richtung des islamischen Gebetes. Bisher hat er Richtung Jerusalem gebetet, von da an nach Mekka. Damit wendet er Jerusalem buchstäblich den Rücken zu. Eine tragische Wende! Das Ende der Toleranz.

63. Überraschung: **Ethnische Säuberung**

Gemäß dem Bericht der „Sira“ von Ibn Hischam versammelte Mohammed nach seinem ersten Sieg über die Mekkaner den jüdischen Stamm der Qainuqa und richtete folgende Worte an sie: „O ihr Gemeinde der Juden! Fürchtet die Strafe Allahs, wie sie die Quraisch getroffen hat, und werdet Moslems!“ Dass dies nicht nur eine Ermahnung war, sondern eine ernste Drohung, zeigt der Fortgang der Geschichte.

Der Zufall wollte es, dass kurz darauf ein Jude erschlagen wurde, der sich auf unanständige Art über eine muslimische Milchverkäuferin lustig gemacht hatte. Daraufhin erschlugen seine jüdischen Freunde wiederum den Mörder. Nun wäre es Mohammeds Aufgabe als Stadtoberhaupt gewesen, zwischen den betroffenen Familien zu vermitteln. Stattdessen rief er alle Muslime zusammen und begann mit ihnen, den Stamm der Qainuqa zu belagern. Nach wenigen Tagen ergab sich dieser. Die Menschen mussten all ihr Hab und Gut zurücklassen und in die Wüste fliehen. Keiner stand ihnen bei, nicht einmal ihre jüdischen Volksgenossen.

Dem zweiten jüdischen Stamm, den sogenannten Banu Nadhir, erging es bald ähnlich. Mohammed kam zu ihnen, um Geld einzutreiben. Der Stamm musste Sühnegeld für zu Unrecht getötete Männer bezahlen. Während Mohammed wartete, wurde er „vom Himmel darüber in Kenntnis gesetzt", dass die Juden ihn töten wollten, so der Wortlaut bei Ibn Hischam. Mohammed verließ sofort den Stamm und sammelte seine Leute zum Kriegszug. Die Banu Nadhir wurden belagert, ergaben sich ebenfalls und wurden allesamt fortgejagt.

In der Sure 59 wird dieser Sieg bejubelt: *„Er* [Allah] *ist es, welcher die Ungläubigen unter dem Volk der Schrift(besitzer) bei ihrer ersten (feindseligen) Versammlung aus ihren Wohnungen trieb. Ihr glaubtet nicht, dass sie kampflos ausziehen würden; und sie glaubten, dass ihre Burgen sie vor Allah schützen würden"* (Verse 2-3). Dieser Abschnitt enthält einige interessante Details. Zum einen sagt er aus, dass die Juden „kampflos auszogen", also gar nicht kämpfen wollten. Das ist bemerkenswert, sind es doch die gleichen, von denen behauptet wird, dass sie Verräter seien. Auch wurde keineswegs unterschieden zwischen Schuldigen und Unschuldigen. Sie wurden alle bestraft, vom Kleinsten bis zum Größten. Alles wurde ihnen weggenommen.

Der oben zitierte Vers sagt zwar aus, dass nicht der gesamte Stamm vertrieben worden sei, sondern nur *„die Ungläubigen unter dem Volk der Schrift(besitzer)"*. Das verschleiert aber die harte Realität. Es wurden nicht nur die „Ungläubigen" unter ihnen, sondern der gesamte jüdische Stamm mit Frauen, Kindern, Großvätern und Großmüttern in die Wüste gejagt.

Warum? Das lesen wir in Vers 4: *„Dies, weil sie sich gegen Allah und Seinen Gesandten aufgelehnt hatten."* Die Juden von Mekka gelten bis heute bei den meisten Muslimen als bösartige Menschen, die ein verräterisches Komplott gegen Mohammed geschmiedet hätten. Doch der Bericht von Ibn Hischam zeichnet ein anderes Bild. Sie suchten keinen Streit, sie wurden von den muslimischen Angriffen völlig überrascht, sie wehrten sich kaum und sie halfen sich nicht einmal gegenseitig. Sie verstanden sich offenbar nicht als eine politische Einheit, die Mohammed gefährlich werden konnte. Schließlich gehörten sie ja zu denen, die den Muslimen bei ihrer Flucht aus Mekka die Tore zu Medina geöffnet hatten. Hatte Mohammed das vergessen, sobald er die Macht in Medina übernommen hatte?

64. Überraschung:
Aufruf zum Völkermord

Zu diesem Themenkreis gehört auch Sure 33:60-62: *„Wahrlich, wenn die Heuchler und diejenigen, in deren Herzen Krankheit ist, und die Aufwiegler in Medina nicht aufhören, so werden Wir* [Allah] *dich* [Mohammed] *veranlassen, gegen sie vorzugehen. Dann werden sie dort nur noch für kurze Zeit deine Nachbarn sein. Verflucht sind sie! Wo immer sie gefunden werden, sollen sie ergriffen und allesamt hingerichtet werden. Das war Allahs Vorgehen gegen die, welche zuvor hingingen, und in Allahs Vorgehen findest du niemals einen Wandel."*

Aus dem Inhalt der Sure kann man schließen, dass sie im 5. Jahr in Medina offenbart wurde, nach dem sogenannten

Grabenkrieg, in den der jüdische Stamm Banu Quraiza verwickelt wurde. Dieser Stamm war das letzte Drittel der Juden, die ursprünglich die halbe Stadtbevölkerung von Medina ausgemacht hatten.

Die Banu Quraiza sagten sich während des Grabenkriegs von Mohammed los, ohne allerdings in das Kampfgeschehen einzugreifen. Dies war aber für Mohammed Anlass genug, die Juden nach dem Abzug der Mekkaner zu belagern und zu besiegen. Doch anstatt sie – wie die beiden jüdischen Stämme zuvor – in die Wüste zu schicken, wurden alle Männer enthauptet, die Frauen und Kinder dagegen als Sklaven unter die Muslime verteilt. So beschreibt es die offizielle sunnitische Berichterstattung von Ibn Hischam. Zwischen 700 und 900 Männer wurden so an einem Tag hingerichtet. Die Parallelen zu den Verbrechen der Terroristen des 21. Jahrhunderts sind frappierend.

Ibn Hisham erzählt weiter, wie die Muslime später noch einmal die Juden in Chaibar überfielen, wohin viele von ihnen geflohen waren. Die Überlebenden mussten danach die Hälfte der Ernte als sogenannte Gizya-Steuer abgeben. Noch auf dem Sterbebett soll Mohammed, nach Aussagen seiner Ehefrau Aisha, den Befehl gegeben haben, es dürfe „in Arabien nicht zwei Religionen" geben. Daher gab es zur Zeit des Kalifen Omar in Arabien noch einmal eine große Christen- und Judenverfolgung.

Meine muslimischen Freunde verteidigen das Verhalten Mohammeds. Sie erklären, dass in der alten Welt ein derartiger Umgang mit Gegnern und Gefangenen an der Tagesordnung gewesen sei. Auch David habe in der Bibel seine Gefangenen nicht mit Samthandschuhen angefasst. Das mag stimmen. Wenn David oder die Antike für uns Vorbilder wären, die wir buchstabengetreu nachahmen und niemals kritisieren dürften, dann wäre das tatsächlich tragisch. Zum Glück kam aber nach David Jesus, der Friedefürst. David kann für Christen nur bedingt ein Vorbild sein, weil er zur Zeit des Alten Bundes lebte. Für uns aber gilt der Neue Bund dessen, der sich weigerte, das Schwert zu ergreifen.

Meine Gedanken verweilten aber noch längere Zeit bei Sure 33:62. Auf den ersten Blick enthält er keine aufsehenerregende Aussage: *„Das war Allahs Vorgehen gegen die, welche zuvor hingingen, und in Allahs Vorgehen findest du niemals einen Wandel.“* Gott und sein Verhalten verändern sich nicht. Der Zusammenhang aber, in dem dieser Satz steht, gibt ihm eine dramatische Färbung. Wie gesehen, geht es dort um den Umgang mit Feinden, genauer gesagt mit *„Heuchlern“*, mit *„denjenigen, in deren Herzen Krankheit ist“*, und mit *„denjenigen, die in der Stadt Gerüchte verbreiten“*. Damals war damit der letzte jüdische Stamm Medinas gemeint. Der Hinrichtungsbericht von Ibn Hischam findet seinen Nachhall in Vers 61: *„Dann werden sie dort nur noch für kurze Zeit deine Nachbarn sein. Verflucht sind sie! Wo immer sie gefunden werden, sollen sie ergriffen und allesamt hingerichtet werden.“*

Als Begründung für den Mordbefehl kommt dann besagter Vers 62, der erklärt, dass Gott immer so gehandelt habe und sich nie verändere. Leider sagt der Text nicht, worauf sich diese Behauptung stützt. Will er damit sagen, dass auch die früheren Propheten (*„die, welche zuvor hingingen“*) ihre Feinde derart abgeschlachtet hätten? Das entspräche nicht einmal den im Koran geschilderten Prophetengeschichten. Denn wenn es so wäre, dann wäre Gott wirklich ein Tyrann und der Anruf Gottes als Allbarmherziger und Allerbarmer in jeder Sure wäre nur eine leere Floskel!

In der 2. Sure, die aus der Anfangszeit in Medina stammt, klang es noch ganz anders: *„Wenn einer euch angreift, bekämpft ihn in gleichem Maß, in dem er Gewalt anwendet"* (Vers 194). In den späteren Jahren setzt sich allerdings mehr und mehr die Idee von Sure 33:62 durch. So etwa auch im bekannten „Schwertvers" in Sure 9:5: *„Tötet die Götzendiener, wo immer ihr sie findet, und ergreift sie und belagert sie und lauert ihnen aus jedem Hinterhalt auf."* Oder Sure 3:85: *„Wer eine andere Religion als den Islam will, sie soll von ihm nicht angenommen werden, und im Jenseits wird er verloren sein."* Und Sure 4:89b: *„Nehmt aber keinen von ihnen zum Freund, ehe sie sich nicht auf Allahs Weg begeben."*

65. Überraschung: **Es gibt zwei Paradiesgärten**

Eines Tages starb ein Freund von mir, ein Palästinenser, der sich zwar zeitlebens nie politisch engagiert hatte, dessen Haus aber von einer Bombe getroffen worden war. Seitdem hatte er an seinen Verletzungen gelitten, durch die er zuletzt auch starb. Man begrub ihn auf dem Friedhof, der zum berüchtigten palästinensischen Flüchtlingslager „Al Ain al-Helwa" neben Sidon im Libanon gehört, ein Ort, an den sich nicht einmal die Polizei wagt. Dort wurde er aber nicht bei der großen Masse der gewöhnlichen Menschen begraben, sondern im kleineren Friedhofsteil für Märtyrer. Schließlich sei er ja an seiner Kriegsverletzung gestorben und somit einer der Märtyrer, die bekanntlich direkt ins Paradies kämen, so erklärte man mir. Es gebe nämlich zwei Abteilungen im Paradies, deshalb müsse es auch auf dem Friedhof zwei Bereiche geben. Tatsächlich fand ich später in Sure 55:46 ff. folgende Worte: *„Für den aber, der seines Herrn Gegenwart gefürchtet hatte, gibt es zwei Gärten – Welche der Wohltaten eures Herrn wollt ihr beide da wohl leugnen? –, beide mit Blumen bestanden. Welche der Wohltaten eures Herrn wollt ihr beide da wohl leugnen? In beiden sprudeln zwei Quellen. Welche der Wohltaten eures Herrn wollt ihr da wohl leugnen? In beiden gibt es von jeder Frucht zwei Arten. Welche der Wohltaten eures Herrn wollt ihr beide da wohl leugnen? Sie lehnen auf Polstern mit Bezügen aus Brokat, und die Früchte der beiden Gärten sind nahe zur Hand. Welche der Wohltaten eures Herrn wollt ihr beide da wohl leugnen? Darin gibt es zurückhaltend blickende Huris, die weder Mensch noch Dschinn vorher berührte – Welche der Wohltaten eures Herrn wollt ihr beide da wohl leugnen? –, als wären sie Rubine und Korallen …"*

Es war mir vorher nie aufgefallen, dass der Koran davon spricht, dass es im Paradies zwei verschiedene Gärten gibt, bis mir jene Palästinenser das erklärten. Das weckte mein Interesse. Was versteht man eigentlich im Islam unter einem Märtyrer? Und was ist das Besondere an ihnen?

Darauf zeigten mir meine Freunde den folgenden Koranvers:

Sure 47:4: *„Diejenigen, die auf Allahs Weg getötet worden sind, ihr Wirken wird nicht umsonst gewesen sein. Er wird ihnen vorangehen und alles für sie ordnen. Und Er wird sie in das Paradies einführen."*

Sure 2:154: „*Und sprecht von denen, die auf Allahs Pfad erschlagen wurden, nicht: ‚Sie sind tot.‘ Nein, sie sind lebendig. Doch ihr nehmt es nicht wahr.*“[31]

Sure 3:195: „*Denjenigen, die da auswanderten und aus ihren Häusern vertrieben wurden und auf meinem Wege litten und kämpften und fielen – wahrlich, Ich will ihre Missetaten vergeben, und wahrlich, Ich will sie in Gärten führen, durcheilt von Bächen als Lohn von Allah.*“

Jeder, der im Krieg ums Leben kommt, gilt also als Märtyrer und kommt direkt in den Himmel. „Aber kommen denn nicht alle Muslime ins Paradies?“, wollte ich wissen. Darauf gaben mir meine palästinensischen Freunde unterschiedliche Antworten und führten eine lautstarke und engagierte Diskussion. Zwar gebe es Koranverse, die allen Muslimen das Paradies versprechen, wurde mir erklärt, doch garantiert sei es nur den Märtyrern, weil diese mit ihrem Blut den Preis bezahlt hätten. Ein normaler Muslim müsse zuerst die sogenannten Grabesqualen durchleiden. Erst dann komme er ins Paradies. Aber wenn er ein Heuchler gewesen sei, so müsse er für lange Zeit oder sogar für immer Höllenqualen erleiden. Trotz aller Religionsausübung können Muslime daher nie sicher sein, ob Gott sie annehmen wird oder nicht. Umso wünschenswerter erscheint unter solchen Umständen das Schicksal eines Märtyrers. Er ist die große Ausnahme, weil er sein Leben im Kampf für die Sache des Islam verloren hat. Damit ist ihm das Paradies gewiss. In dieser Spannung leben viele Muslime tatsächlich. Ich befürchte, dass diese Lehre

31 vgl. auch Sure 3:169 ff.

es den Terroristen leicht macht, Nachwuchs zu rekrutieren, denn wer möchte nicht lieber direkt ins Paradies, als sich ein Leben lang abzumühen, um dann am Ende trotz allem in die Ungewissheit hinaustreten zu müssen?

66. Überraschung: **Die Jungfrauen – Huris – können auch Männer sein**

Der Koran verlangt nicht nur viel von seinen Gläubigen, sondern er verspricht auch eine große Belohnung. Immer und immer wieder werden die Muslime angespornt, indem die kommenden Wohltaten des Paradieses beschrieben werden. Dort werden die Gläubigen auf kostbaren, golddurchwobenen Kissen lehnen (56:15) und von unsterblichen Knaben mit den besten Speisen bedient werden (Sure 56:17). *„Und Er wird sie für ihre Standhaftigkeit mit einem Garten und (Kleidern aus) Seide belohnen. Dort werden sie sich auf Ruhekissen lehnen und dort weder (brennende) Sonne noch schneidende Kälte erleben. Und ihre Schatten werden nahe über ihnen sein und ihre Trauben niedrig über ihnen hängen"* (Sure 76:12-14). *„In ihm* [dem Garten] *fließen Ströme von Wasser, das nicht verdirbt, und Ströme von Milch, deren Geschmack sich nicht ändert, und Ströme von Wein, köstlich für die Trinkenden, und Ströme von geklärtem Honig"* (Sure 47:15). *„Unter ihnen werden Schüsseln und Becher aus Gold kreisen, mit allem, was Seelen begehren und Augen ergötzet"* (Sure 43:71). Das nicht genug, werden den Märtyrern auch ewige Jungfrauen, die sogenannten Huris, versprochen: *„Dort gibt es gute und schöne – Welche der Wohltaten eures Herrn wollt ihr beide da wohl leugnen? – Huris, wohlbehütet in Zelten –*

Welche der Wohltaten eures Herrn wollt ihr beide da wohl leugnen? –, die weder Mensch noch Dschinn zuvor berührte ..." (Sure 55:71.73).

Ob den Märtyrern vierzig oder zweiundsiebzig Huris versprochen sind, geht aus dem Koran nicht hervor. Für genaue Zahlen muss man die Hadithe durchkämmen. Ich frage mich, ob eine Frau von dieser Beschreibung des Paradieses nicht abgeschreckt wird? Tatsächlich! Lesen wir dazu die Reaktion einer Betroffenen: „Nachdem ich diese Sure gelesen hatte, begann ich darüber nachzudenken, was es für meine Familie und mich bedeuten würde, in den Himmel zu kommen. Sicher würde mein Papa sich gut mit einigen Huris vergnügen. Aber was wäre mit meiner Mutter? Nachdem sie nun viele Jahre mit meinem Vater verheiratet war, was würde sie beim Anblick eines solchen Szenarios empfinden? Meine Eltern hatten eine sehr liebevolle und respektvolle Beziehung – ich sah sie bis zum Todestag meines Vaters nie miteinander streiten. Sie waren 23 Jahre verheiratet. Meine Mutter liebte ihn und respektierte seine Autorität und mein Vater liebte und respektierte sie. Sie wurden in ihrem Freundeskreis immer als ideales Ehepaar angesehen. Und nach Jahren einer liebevollen, respektvollen, treuen Beziehung würde sich mein Vater im Himmel mit Huris vergnügen und meine Mutter ihn dabei beobachten?!! Ich konnte darin überhaupt keinen Sinn erkennen."

Sind die Huris nur als Symbole zu verstehen, wie meine muslimischen Freunde mir versichern? „Symbol für was?", ist meine Rückfrage. Für vollkommene Liebe? Symbol für Glück? Das Glück aus der Befriedigung egoistischer sexueller Bedürfnisse mit weiblichen Wesen, die keine Persönlichkeit haben? Einige moderne Koranausleger behaupten, „Huri“ sei ein neutraler Ausdruck und könne sowohl männlich als auch weiblich verstanden werden. Männer und Frauen seien also im islamischen Paradies gleichberechtigt. Das arabische Wort ist aber eindeutig weiblich: „Hurreyya“. Zudem stellt sich die Frage, seit wann Männer für ihre großen, weiten Augen und für ihre zurückhaltenden Blicke gelobt werden? Seit wann leben Männer wohlbehütet in Zelten und werden mit versteckten Perlen verglichen? Und wie würde das zusammenpassen, dass männliche Huris noch nie von Mensch und Dschinn berührt worden sind? Und wieso sollte der Koran in Sure 78:33 sagen, dass diese männlichen Huris *„Altersgenossinnen mit schwellenden Brüsten“* seien?

67. Überraschung: **Wer zuunterst in der Hölle zu finden ist**

Natürlich hat mich nach der Beschreibung des Himmels auch interessiert, was der Koran zur Hölle sagt. Ich war überrascht, wie oft davon die Rede ist. Die Hölle ist eines der wenigen Themen, die sich sowohl in den Mekka- als auch den Medina-Suren ausgiebig finden. Natürlich gibt es auch Suren, die keine direkte Erwähnung der ewigen Qualen enthalten, aber es sind nicht viele. Ich entdeckte mindestens vier Gründe, die den Koran immer wieder zu den Höllenqualen führen:

Erstens geht es in den älteren Mekka-Suren häufig um das Thema des Jüngsten Gerichts, das meistens in Form einer möglichst eindringlichen Warnung an den Leser behandelt wird. Zur Verstärkung der Warnung werden die Höllenqualen bildhaft ausgemalt. Etwas anders ist es zweitens in den Medina-Suren, die oft von Konflikten mit verschiedenen Gegnern erzählen. Dort wird diesen Feinden die ewige Pein angedroht. Drittens werden im Koran oft die Geschichten früherer Propheten erzählt, die sich mit ihren Völkern in ähnlichen Konflikten befunden haben sollen wie die Muslime zu ihrer Zeit. Diesen Propheten werden Höllendrohungen in den Mund gelegt. Sogar von Abraham wird in Sure 26:91 ff. behauptet, dass er seinen Zeitgenossen mit der Hölle gedroht habe. Dem widerspricht der Bericht der Bibel. Im gesamten Alten Testament ist nicht ein Mal von ewigen Höllenqualen die Rede. Viertens werden in einigen Suren die sogenannten Heuchler durch die Drohung, dass sie andernfalls in der Hölle schmoren müssten, zur Teilnahme an Dschihad- bzw. Futuhat-Kriegen ermahnt.

Nach Sure 4:142 ff. wird die schlimmste Qual nicht etwa Atheisten oder Götzenanbeter treffen, sondern heuchlerische Muslime: *„Siehe, die Heuchler wollen Allah überlisten; doch er überlistet sie. Wenn sie im Gebet stehen, stehen sie nachlässig da ... Siehe die Heuchler sollen in der tiefsten Tiefe des Feuers sein, und für sie findest du niemals einen Helfer.“*

Hier sind zur Veranschaulichung acht Zitate über die Hölle:

Sure 40:70-72: *„Bald schon werden sie es erfahren, wenn sie um ihre Nacken Ketten und Fesseln tragen und sie geschleift werden in das siedende Wasser und dann in das Feuer geworfen werden.“*

Sure 23:103-104: *„Diejenigen, deren Waagschale aber leicht ist – die sind es, die ihre Seelen an die Hölle verloren haben, für immer-*

dar. Verbrennen wird das Feuer ihre Angesichter und ihre Lippen werden sich dort verzerren."

Sure 22:19-22: *„Aber für die Ungläubigen sind Kleider aus Feuer zurechtgeschnitten. Über ihre Köpfe wird siedendes Wasser gegossen, das ihre Eingeweide und ihre Haut schmelzen lässt, und eiserne Keulen sind für sie bestimmt. Sooft sie voller Angst aus ihr zu entfliehen suchen, werden sie in sie zurückgetrieben werden."*

Sure 14:49-50: *„An dem Tag wirst du die Sünder in Fesseln zusammengekoppelt sehen, in Kleidern aus Pech. Und das Feuer wird über ihre Angesichter schlagen."*

Sure 88:4-7: *„Sie werden im lodernden Feuer brennen. Trinken werden sie aus einer siedenden Quelle. Keine Speise werden sie dort erhalten außer Dornenkraut, das weder nährt noch den Hunger stillt."*

Sure 44:45-49: *„Wie geschmolzenes Erz wird es in den Bäuchen brodeln, wie das Brodeln von siedendem Wasser. ‚Packt ihn und schleift ihn mitten in die Flammen der Hölle. Dann gießt die Qual des siedenden Wassers über sein Haupt. Koste, du warst doch angeblich der Mächtige, der Edle.'"*

Sure 4:56: *„Sooft ihre Haut verbrannt ist, geben Wir ihnen eine andere Haut, damit sie die Strafe kosten. Siehe, Allah ist mächtig und weise."*

Sure 33:66: *„Am Tage, an dem ihre Gesichter im Feuer gewendet werden, werden sie sagen: ‚O wenn wir doch Allah gehorcht hätten und dem Gesandten.'"*

Unangenehm berührt hat mich auch ein Vers aus Sure 83:34-36:

„An jenem Tage werden die Gläubigen die Ungläubigen verlachen, während sie auf ihren Kissen ruhen und sie beobachten. Hätte den Ungläubigen ihr Tun etwa anders vergolten werden sollen?“

Was mich an diesen Versen schockiert hat, ist nicht nur die fantasievolle Beschreibung der Höllenqualen, sondern die Haltung, die dahintersteckt. Während Menschen auf absolut unvorstellbare Art gequält werden, schauen die Muslime selbstzufrieden zu und lachen diese noch aus. Ich frage mich, ob diese Verse nicht zu Hartherzigkeit und Gleichgültigkeit gegenüber fremdem Leiden beitragen. Wird nicht schon hier die Saat dazu gesät, dass Menschen ohne Wimpernzucken andere köpfen, wie wir es heute wieder einmal erleben? Und alles im Namen Allahs?

68. Überraschung: **Alle Menschen kommen in die Hölle**

Viele Male verspricht der Koran das Paradies. Wird also jeder Muslim gerettet? Ganz so sicher scheint es aber doch nicht zu sein. In Sure 19:70-72 steht: *„Denn Wir wissen, wer das Feuer am meisten verdient hat. Und unter euch ist niemand, der ihm nicht ausgesetzt würde. So ist es bei deinem Herrn unabwendbar beschlossen. Dann erretten Wir die Gottesfürchtigen, aber lassen die Sünder darin auf ihren Knien.“* Aufgrund dieses Verses hat sich im Islam die Lehre von den Grabesqualen entwickelt, die in den Hadithe bis in schreckliche Details ausgemalt werden. Nicht nur Gottlose, sondern jeder Muslim muss nach dem Tod für seine Sünden büßen, bis er dann eines Tages hoffentlich ins Paradies gerettet wird.

Doch ob er dieses Ziel je erreicht, ist nicht sicher. Der Koran nennt dazu eine ganze Reihe von Bedingungen. Die erste Bedingung ist, dass am Tag des Gerichtes die Schale mit den guten Werken schwerer sein muss als die Schale mit den bösen Werken (siehe Sure 23:102-104). Die zweite, dass man ein kompromissloser Muslim sein muss, nicht etwa ein Heuchler (Sure 9:93-95). Als Heuchler gelten alle, die sich davor drücken, ihr Leben und ihr Geld für den Heiligen Krieg einzusetzen. Daran zeigt sich, ob jemand nur in der islamischen Gemeinschaft mitschwimmt oder ob er auch bereit ist, für den Glauben Opfer zu bringen. Dieser Gedanke wird in mehreren Suren wiederholt (vgl. auch Sure 48:11-13). Damit aber nicht genug. Sogar ein Muslim, der in den Heiligen Krieg zieht, kann in die Hölle kommen, nämlich dann, wenn er in der Schlacht umkehrt und flieht. So sagt es Sure 8:16: *„Wer ihnen an so einem Tag den Rücken zukehrt – außer er schwenkt zu neuem Kampf ab oder schließt sich einem (anderen) Trupp an –, hat sich Allahs Zorn zugezogen und seine Herberge ist die Hölle. Und schlimm ist die Fahrt (dorthin).“*

Was aber mehr als alles andere gegen eine Heilsgewissheit im Islam spricht, ist, dass Allah im Koran dem Propheten Mohammed zu sagen befiehlt: *„Ich weiß nicht, was mit mir und was mit euch geschehen wird“* (Sure 46:9). Deshalb hat sich im Islam die Lehre festgesetzt, dass es eine Respektlosigkeit Gott gegenüber sei zu sagen, dass man sicher ins Paradies komme. Das sei, als würde man so tun, als wisse man mehr als der Prophet, und wolle zudem Gott etwas vorschreiben.

Aber ist es nicht ein Grundbedürfnis des Menschen, Gewissheit über seine Zukunft zu haben? Ich habe viele Jahre Asylsuchende betreut und manch einen erlebt, der über der Frage, ob er nun in der Schweiz bleiben darf oder nicht, psychisch krank geworden ist. Wie viel mehr muss unsere Seele leiden, wenn wir nicht einmal wissen können, ob wir vor Gott bestehen können oder nicht?

69. Überraschung: **Die Dschinn – unheimliche geistliche Wesen**

Wenn wir schon bei Himmel und Hölle sind, so wollen wir uns noch ein wenig mit deren Bewohnern beschäftigen. Im Himmel gibt es die Engel und in der Hölle die Dämonen. Der Koran kennt aber noch eine dritte Art von geistlichen Wesen: die sogenannten Dschinn, bei denen es sich um Erdgeister handelt. Nach allgemeiner islamischer Lehre sind Engel aus Licht erschaffen, die Dschinn hingegen aus rauchlosem Feuer (55:15). Auch wenn diese Wesen normalerweise für den Menschen unsichtbar sind, so wird doch geglaubt, dass sie diese Erde bevölkern und den Menschen gefährlich werden können. Manch ein Mensch wurde durch die Dschinn verführt und verlor seinen Verstand. Das arabische Wort „Dschinn" ist mit „magnuun" verwandt, was sich mit „wahnsinnig" übersetzen lässt. In Sure 18:50 wird erklärt, dass Satan selbst ein Dschinn sei. Man kann also diese Wesen nicht gefährlich genug einstufen. Und doch soll der islamische Prophet selbst mit ihnen zu tun gehabt haben.

Sure 72 trägt den Titel „Die Dschinn" und erzählt von der

Beziehung Mohammeds zu diesen geistlichen Wesen. Überraschend ist, dass die Hälfte dieser Sure von den Dschinn selbst verfasst ist (in der Wir-Form), während der Koran doch als Gottes Wort gilt, das vor der Erschaffung aller Lebewesen existiert haben soll. Mohammed soll den Dschinn aus dem Koran vorgelesen haben, und ein Teil von ihnen glaubte dem Koran, heißt es dort. Gemäß Vers 19 war der Prophet von so vielen Dschinn umgeben, dass *„sie ihn mit ihrer Menge fast erdrückt"* hätten.

Seither gibt es unzählige Muslime, die nach dem Vorbild ihres Propheten den Kontakt mit vermeintlich gutartigen Dschinn pflegen. Sie erwarten von ihnen Krankenheilungen, die Lösung von Flüchen und übernatürliches Wissen. Es gibt Scheichs, die behaupten, neben ihren Ehefrauen noch mit einer Dschinnfrau verheiratet zu sein und mit ihr unsichtbare Kinder gezeugt zu haben. Aber auch Flüche kann man mit ihrer Hilfe aussprechen: Man kann die Beziehung zwischen Eheleuten zerrütten lassen sowie Krankheiten, Unfälle, Armut und Unglück über andere Menschen bringen.

In vielen Kulturen ist bekannt, dass böse Geister die Menschen dadurch überlisten, dass sie sich als gutartig ausgeben. Damit erreichen sie, dass man ihnen vertraut. Wer den lebendigen Gott kennt, sollte es nicht nötig haben, sich mit derart zweifelhaften Kreaturen einzulassen. Der Koran sagt ja deutlich, dass Satan und Dschinn dasselbe sind (Sure 18:50).

70. Überraschung: **Erschreckender Umgang mit Sklavinnen und Sklaven**

Vor einiger Zeit verfolgte ich im Fernsehen eine Diskussion, in der eine ägyptische Moderatorin namens Hala Scho zwei islamische Gelehrte über einen eigenartigen Ausdruck befragte, der mehrmals im Koran vorkommt. Dieser findet sich beispielsweise in Sure 23:5-6: *„Wohl ergeht es den Gläubigen, die … ihre Scham bewahren, außer gegenüber ihren Gattinnen oder denen, die sie von Rechts wegen besitzen; denn dann sind sie ja nicht zu tadeln."*

Was mag wohl mit dem Ausdruck *„die sie von Rechts wegen besitzen"* gemeint sein? Das wollte die Moderatorin wissen. Kann es sein, dass der islamische Gott lehrt, es sei für Muslime in Ordnung, Menschen *„von Rechtes wegen"* zu besitzen, also Sklaven halten zu dürfen? Ist ihnen am Ende noch der sexuelle Verkehr mit ihnen ausdrücklich erlaubt? Die Moderatorin erklärte mutig, dass sie zu einer neuen Generation gehöre, welche sich nicht mehr damit zufriedengebe zu glauben, was immer schon geglaubt wurde. Sie erwarte im Namen ihrer Altersgruppe echte Antworten. Doch sie bekam alles Mögliche zu hören, nur keine echte Antwort.

Ich machte mich daraufhin auf die Suche und fand noch weitere Verse im Koran zu diesem Thema: *„Und (verboten sind euch) verheiratete Frauen, außer denen, die ihr von Rechts wegen besitzt"* (Sure 4:24). Was? Soll muslimischen Sklavenbesitzern tatsächlich der Umgang mit Sklavinnen erlaubt sein, ungeachtet dessen, ob sie verheiratet sind? Inzwischen haben die Terroristen die Frage der Moderatorin beantwortet, indem sie ganz offiziell die Sklaverei wiedereingeführt und

Tausende von nicht islamischen Frauen zu Sexsklavinnen erniedrigt haben.

Wer tiefer in die Geschichte des Nahen Ostens eintaucht, wird betrübliche Fakten finden. Demnach blühte der Handel mit afrikanischen Sklaven im muslimischen Kalifat, lange bevor der Westen ebenfalls diesen betrieb. Auch Europäer wurden versklavt, unter anderem Vinzenz von Paul, der nach seiner Flucht der Gründer der „Caritas“ wurde. Zwar gibt es auch Koranverse, die zu einer gütigen Behandlung der Sklaven ermutigen. Doch Strafen für bösartige Sklavenbesitzer sind keine vorgesehen. Sie bewegen sich im straffreien Raum.

Egal, wie meine muslimischen Freunde mir die Sache mit der Sklaverei zu erklären versuchten, meine Nachforschungen haben ergeben, dass die islamische Sklaverei ein sehr dunkles Kapitel der Menschheitsgeschichte ist. Ein einziger Sklavenaufstand in Mesopotamien (der sogenannten Zandsch), der von 869-883 dauerte, soll ungefähr eine Million Menschen das Leben gekostet haben. Während die Afroamerikaner ein Teil des modernen Amerika wurden, finden sich heute kaum Nachfahren der Afrikaner in der arabischen Welt. Fortpflanzung wurde ihnen nicht gestattet. Einige Historiker behaupten sogar, dass Sklaven meist kastriert wurden.

71. Überraschung: **Alexander der Große war Muslim**

Obwohl Alexander der Große schon im Alter von 33 Jahren starb, ist er einer der berühmtesten Männer der Weltgeschichte. Immer wieder traf ich Muslime, die ihn als einen der Propheten Gottes aufzählten, an die sie glauben würden. Auf meine Fragen hin lasen sie mir die 18. Sure vor. Dort ist von einem Heerführer namens Dhu-l-Qarnain die Rede: *„Und sie werden dich nach Dhu-l-Qarnain befragen ... Seht, Wir gaben ihm auf Erden Macht sowie Mittel und Wege zu allen Dingen ... Wir sprachen: ‚O Dhu-l-Qarnain! Entweder du strafst dieses Volk, oder du erweist ihnen Gutes.‘ Er antwortete: ‚Wer gesündigt hat, den werden wir strafen. Danach mag er zu seinem Herrn zurückkehren, um von Ihm unsagbar bestraft zu werden. Wer aber glaubt und das Gute tut, der soll schön belohnt werden, und wir werden ihm leicht vollziehbare Befehle erteilen ...‘“* (Sure 18:83-84 und 86-88).

„Dhu-l-Qarnain“ bedeutet auf Deutsch „der Zweihörnige“. Der Koran gibt dem Mann, von dem die Geschichte in Sure 18 handelt, keinen anderen Namen, sondern setzt voraus, dass er allgemein bekannt ist. Wie ich später herausfand, setzen ihn die meisten Koranausleger mit dem Griechenkönig Alexander dem Großen gleich. Tatsächlich war dieser Eroberer im Altertum unter dem Namen „der Zweihörnige“ bekannt. So zeigen die Münzen des Lysimachos Alexander, wie dieser mit seinen Hörnern seine Feinde zerstieß. Auch in griechischen und äthiopischen Berichten[32] liest man, Gott habe Alexander zwei Hörner wachsen lassen.[33]

---

32 Die sogenannten Alexander-Legenden des Pseudo-Kallisthenes.

33 siehe Alexander Demondt: „Alexander der Große“, C. H. Beck-Verlag, München, 2009, S. 178

Doch handelt es sich beim „Zweigehörnten“ der 18. Sure wirklich um Alexander den Großen? Es ist schwer abzustreiten, und zwar nicht nur, weil die Hörner für ihn typisch sind, sondern auch, weil dieser es ist, der im alten Orient für seinen Kampf gegen Gog und Magog bekannt war. Gerade die Erwähnung dieser Völker im Koran im Zusammenhang mit dem Zweigehörnten ist das deutlichste Indiz dafür, dass mit dem König der 18. Sure tatsächlich Alexander gemeint ist.

Die Namen „Gog“ und „Magog“ finden wir ursprünglich in der Bibel, im Buch des jüdischen Propheten Hesekiel. Als Alexander innerhalb weniger Jahre die gesamte damalige Welt eroberte, glaubten manche Juden, dass dies ein Zeichen für das Ende der Welt sei und dass die Prophezeiungen Hesekiels sich erfüllt hätten. Zur Endzeit gehörte der Kampf gegen Gog und Magog, die sie in Alexanders Eroberungskriegen verwirklicht sahen. Der Koran scheint dieser Interpretation zu folgen.

72. Überraschung: Ungereimtheiten in den Prophetengeschichten

Einige andere Überraschungen in der Darstellung biblischer Propheten möchte ich hier ebenfalls vorstellen:

In Sure 2:246 ff. wird eine Begebenheit aus dem Leben des Propheten Samuel erzählt. Zwar wird sein Name nicht erwähnt, doch da die Kinder Israels diese Person bitten, einen König einzusetzen, kann nur Samuel gemeint sein. Die Bibel erzählte diese Geschichte über 1500 Jahre früher im 1. Buch Samuel, Kapitel 8. Irritierend ist der Hinweis, dass sich die

Versammlung mit dem Propheten Samuel „nach dem Tod Moses“ abgespielt haben soll, weiß der Geschichtskundige doch, dass zwischen Mose und Samuel etwa 400 Jahre liegen.

In Sure 2:249 wird dann die Geschichte von der Trinkprüfung am Fluss König Saul zugesprochen, die in der Bibel zur Geschichte Gideons gehört, eines Richters, der lange vor Saul lebte. Nach der Trinkprüfung soll dann Saul gegen *„Goliath und seine Scharen“* in den Krieg gezogen sein. Gemäß biblischer Überlieferung zog Gideon nach der Trinkprüfung aber gegen ein anderes Volk, nämlich die Midianiter (Richter 6 ff.).

Irritierend ist auch der Befund im Koran (Sure 20:83-89), dass sich zur Zeit Moses ein Samariter unter dem Volk Israel befunden haben soll. Das ist schwer möglich, da es das Volk der Samariter zu der Zeit noch gar nicht gab. Das Mischvolk der Samariter bildete sich erst knapp 1000 Jahre später, zur Zeit des Assyrerreiches.

Eigenartig muten zudem verschiedene Verse an, die darüber berichten, dass der Pharao bereits zur Zeit von Mose mit der Kreuzigung gedroht habe. Soweit es Historiker rekonstruieren können, war diese grausame Tötungsart damals noch nicht bekannt. Erst viel später in der Geschichte haben die Karthager und Römer diese grausame Tötungsart angewandt (Sure 7:124; Sure 20:71 und 26:49).

Andererseits finden sich überraschende Parallelen zwischen einigen Prophetengeschichten des Korans und überlieferten Schriften des Judentums. Dass Salomo Dämonen beherrscht haben soll, steht zwar nicht in der Bibel, jedoch in einer jüdischen Schrift aus dem 4. Jahrhundert nach Christus, dem sogenannten „Testament des Salomo“. Dort liest man, er habe den großartigen salomonischen Tempel mithilfe teuflischer Wesen erbaut. Jenes „Testament des Salomo“

gilt heute bei jüdischen Gelehrten als Fälschung. Die eigenartige Geschichte von der Anbetung Adams durch die Engel (Sure 7:11-18) stammt wohl aus einer alten jüdischen Schrift des 1. Jahrhunderts nach Christus, die „Leben Adams und Evas" betitelt ist. Die „Bekehrung Abrahams" wiederum, von der die Bibel nichts weiß, findet sich vor dem Koran bereits im „Buch der Jubiläen" (2.–1. Jahrhundert v. Chr.).

73. Überraschung: **Eine einseitige Moralpredigt – zulasten der Frauen**

Zwei Bücher über die Stellung der Frau im Islam habe ich gelesen und sie hätten unterschiedlicher nicht sein können. Das eine hatte ich in einer Moschee gekauft, das andere wurde von einem islamkritischen Autor geschrieben. Wer hatte nun recht? So machte ich mich an die Arbeit, den Koran zu studieren, um mir eine eigene Meinung zu bilden.

In Sure 24:30 ff. fand ich folgende Aufforderung zur Keuschheit: *„Sage den gläubigen Männern, dass sie ihre Blicke senken und ihre Keuschheit wahren sollen. Das ist geziemender für sie. Siehe, Allah kennt ihr Tun. Und sage den gläubigen Frauen, dass sie ihre Blicke senken und ihre Keuschheit wahren und ihre Reize nicht zur Schau stellen sollen, außer was (anständigerweise) sichtbar ist, und dass sie ihre Tücher über ihren Busen schlagen und ihre Reize nur ihren Ehegatten zeigen sollen oder ihren Vätern oder den Vätern ihrer Ehegatten oder ihren Söhnen oder den Söhnen ihrer Ehegatten oder ihren Brüdern oder den Söhnen ihrer Brüder oder den Söhnen ihrer Schwestern oder ihren Frauen oder denen, die sie von Rechts wegen besitzen, oder ihren*

Dienern, die keinen Geschlechtstrieb mehr haben, oder Kindern, welche die Blöße der Frauen nicht beachten. Und sie sollen ihre Beine nicht so schwingen, dass Aufmerksamkeit auf ihre verborgene Zierde fällt.“

Interessant fand ich an dieser Stelle, dass Keuschheit von beiden Geschlechtern gefordert wird. Doch das Gebot für den Mann kommt mit einem Satz aus, bei dem für die Frau handelt es sich dagegen fast um eine Moralpredigt. Man mag sich vielleicht wünschen, dass auch westliche Familien ihre Kinder mit ähnlichen Worten zur Vorsicht mahnen, aber dann sollten die Ratschläge doch gleichermaßen für Jungen und Mädchen gelten. Warum diese Ungleichbehandlung im Koran?

Meine arabischen Freunde erklärten mir auf meine Fragen hin, dass eine Tochter in der Kultur des Nahen Ostens bis heute als eine Last gilt. Sie muss von klein auf bewacht und immer wieder gewarnt werden. Fällt sie unbewacht einem Vergewaltiger in die Hände, so trägt nicht er die Schuld daran, sondern die Familie der Tochter, weil sie beim Schutz von deren Keuschheit versagt hat. Auf der ganzen Familie liegt fortan die Schande. Nur wenn ein Mann sich einer bereits verheirateten Frau nähert, wird ihm dies als Schuld angerechnet. Daher verheiratet man ein Mädchen gerne in jungen Jahren.

Dieses Denken ist tatsächlich tief in der arabischen Kultur verwurzelt. Es ist auch Grundlage vieler Ehrenmorde, wobei oft nicht nur unmoralische oder in Verruf gekommene, sondern auch unschuldig vergewaltigte Frauen von ihrer eigenen Verwandtschaft umgebracht werden. Denn die Ehre der ganzen Familie wurde durch ihre Unkeuschheit – und sei es durch eine Vergewaltigung – besudelt. Diese Schande kann gemäß der Ehrenkulturlogik nur durch Tod gesühnt werden. Schon Aisha, der Lieblingsfrau des arabischen Propheten, wäre es beinahe so ergangen, als sie des Ehebruchs angeklagt wurde.

Jesus hat sich in vielen Situationen klar gegen das Ehrenmorddenken gestellt. So hat er eine Ehebrecherin vor der Steinigung bewahrt (Johannes 8). Mohammed dagegen hat Steinigungen von Ehebrecherinnen vor seiner eigenen Moschee befohlen (Sahih al-Buchari, Hadith Nr. 6829, 6819 und 6820). Es ist eine traurige Tatsache, dass Ehrenmorde gerade unter islamischen Völkern bis heute mehr als anderswo verbreitet sind.

74. Überraschung:
Wo sind die Frauen des Propheten?

Im Islam gelten die Ehefrauen Mohammeds als Vorbilder und Mütter aller Musliminnen. Über sie spricht man nur mit großem Respekt. Es interessierte mich daher sehr, was der Koran über diese Frauen schreibt. So durchforschte ich den Koran. Doch zu meiner großen Enttäuschung fand ich kaum Verse, die von ihnen handeln. Nur in drei von 114 Suren wird über Mohammeds Frauen berichtet. Und in keiner von ihnen wird auch nur eine Einzige von ihnen mit Namen genannt.

Die 24. Sure handelt von Aisha, die des Ehebruchs bezichtigt wurde. Erst nach einem Monat wurde sie freigesprochen – nach dreißig Tagen Ungewissheit und Angst zwischen Leben und Tod. Durch einen Koranvers wurde sie schlussendlich freigesprochen. Nachdem Allah selbst Aisha rechtfertigte, standen ihre Ankläger als Verleumder da und wurden bestraft. Einer büßte mit seinem Leben.

Von Zeynab handelt Sure 33, die Verse 37 ff. Sie war die Ehefrau Zayds, des Adoptivsohnes des Propheten. Als Zayd sah, dass seine Frau dem Schwiegervater gefiel, bot er ihm an, sich von ihr scheiden zu lassen und sie ihm zu geben. Lachend winkte dieser ab und sagte: *„Behalte deine Gattin für dich und fürchte Allah."* Doch in der Nacht soll Allah zu ihm geredet und ihm folgende Worte gegeben haben, die bis heute im Koran überliefert sind: *„Du* [Mohammed] *verbargst in deiner Seele, was Allah doch offenkundig machen würde, und fürchtetest die Menschen, wo Allah doch mehr verdient, gefürchtet zu werden."* Und weiter steht da: *„Und als Zayd seine Bindung mit ihr gelöst hatte, verheirateten Wir dich mit ihr."* Verblüffend fand ich die Begründung: *„Damit es für die Gläubigen keine Sünde (mehr) sei, die Gattinnen angenommener Söhne zu heiraten, wenn sie die Ehe mit ihnen beendet haben."*

Auch in Sure 66 ermahnte Allah seinen Propheten. Mohammed hatte sich nämlich selbst einen Monat lang verboten, sich seinen Frauen zu nähern. Er wollte damit ihren Eifersüchteleien ein Ende setzen. Doch Allah ermahnte ihn: *„O Prophet! Warum verbietest du, was Allah dir erlaubt hat? Um einigen von deinen Gattinnen einen Gefallen zu tun? Doch Allah ist verzeihend, barmherzig"* (Vers 2).

Dies sind die einzigen drei Koransuren, in denen von den Frauen Mohammeds die Rede ist. Wie gesagt, wird keine von ihnen wird mit Namen erwähnt, keine kommt zu Wort. Von keiner wird etwas Positives berichtet. In Sure 66 wird ihnen sogar mit göttlichen Strafen gedroht, falls sie nicht aufhören, *„einander gegen ihn* [ihren gemeinsamen Gatten] *zu helfen"* (Vers 4). *„Allah ist sein Beschützer"* steht doch tatsächlich da mitten in dieser Auseinandersetzung Mohammeds mit den eigenen Ehefrauen. *„Und Gabriel und (jeder) rechtschaffene Gläubige und die Engel werden ihm zur Hilfe kommen."* Da er mit seinen Frauen unzufrieden ist, wünscht er sich bessere: *„Vielleicht gibt ihm sein Herr, wenn er sich von euch scheidet, an eurer Stelle bessere Gattinnen als euch: gottergebene, gläubige, gehorsame, reuevolle, fromme, fastende, nicht mehr jungfräuliche oder jungfräuliche Gattinnen."*

Das ist das Einzige, was der Koran über die „Mütter der Gläubigen", über die Vorbilder aller muslimischen Frauen, schreibt. Offenbar ging es in der Familie des Propheten recht menschlich zu. Mich persönlich stört vor allem, dass Khadija, die erste Frau des Propheten, mit keinem Wort erwähnt wird. Von ihr, die ihn einst als Vollwaisen angenommen hatte, heiratete und an seine Berufung zum Propheten glaubte, als er selbst noch unsicher war, weiß der Koran nichts zu berichten. Es ist, als ob es sie nie gegeben hätte.

75. Überraschung: **Andere Frauen im Koran**

Resigniert musste ich feststellen, dass selbst Mohammeds Frauen kaum im Koran erwähnt werden. Nicht anders ergeht es den anderen Frauen. Während beispielsweise immer wieder von Adam die Rede ist, berichtet keine Sure von Eva, geschweige denn, dass ihr Name genannt wird. Dasselbe gilt für die Frau Abrahams. Von ihr weiß der Koran nur, dass sie bei der Ankündigung ihres Sohnes lachte und ungläubig reagierte (Sure 11:71-72). Noch sparsamer erzählt der Koran von der Nebenfrau Abrahams, Hagar, die doch als Stammmutter aller Araber gilt. Nur sehr indirekt wird sie in Sure 14:37 in Abrahams Worten erwähnt: *„O unser Herr! Siehe, ich habe einen Teil meiner Nachkommenschaft in einem unfruchtbaren Tal bei Deinem unverletzlichen Hause angesiedelt.“* Nur die Mutter Marias, die Großmutter Jesu, wird zwei Verse lang zitiert, weil sie ihr Neugeborenes Gott weihte (Sure 3:35-36).

Während der Koran also eine ganze Reihe von biblischen und außerbiblischen Propheten erwähnt, fehlen die Frauen gänzlich. Die einzige Ausnahme bildet Maria, die Mutter Jesu. Vermutlich wird sie explizit genannt, weil sie ihren Sohn ohne Mitwirken eines Mannes auf die Welt brachte. Somit gilt sie selbst als Familienoberhaupt und genießt die Stellung eines Mannes, ja, wohl sogar einer Prophetin. Die 19. Sure ist ihr zu Ehren nach ihr benannt.

In Sure 66:12 finden wir eine weitere Überraschung. Dort wird Maria, die Mutter Jesu, *„Imrans Tochter“* genannt. Imran ist im Koran kein Unbekannter. Die ganze 3. Sure ist nach ihm benannt. Er gilt als Vater des Propheten Moses und dessen Bruder Aaron, samt seiner Schwester Mirjam.

Könnte es also sein, dass der Koran Maria, die Mutter Jesu, mit Mirjam, der Schwester Moses und Aarons, verwechselt? Möglich wäre es vor allem deshalb, weil beide auf Arabisch „Mariam“ heißen. Geschichtlich gesehen liegen aber 1500 Jahre zwischen ihnen. Nichtsdestoweniger wird die Mutter Jesu auch in Sure 19:28 *„Schwester Aarons“* genannt.

Koranausleger lehnen ab, dass es sich um eine Verwechslung handle. Der Koran wisse natürlich, dass die Mutter Jesu nicht die Schwester Aarons sei. Sie werde aber mit den Titeln „Aarons Schwester“ und „Imrans Tochter“ bezeichnet, um sie zu ehren. Mich überzeugt das nicht. Erklärt nicht Sure 3:42, Maria sei *„über alle Frauen der Welten“* erhoben? Wie sollte es da eine Ehre sein, nach einer Frau benannt zu sein, die längst verstorben ist und im Koran noch nicht einmal erwähnt wird? Zudem wird in Sure 3:35 sogar die Großmutter Jesu, also die Mutter Marias, *„die Frau Imrans“*, des Vaters von Moses, Aaron und Mirjams, genannt. Meines Erachtens spricht vieles dafür, dass es sich hier um eine Verwechslung handelt.

76. Überraschung: **Marias Kindheit im Tempel**

Jene Großmutter Jesu soll ihre Tochter Maria schon vor der Geburt Gott geweiht haben: *„Mein Herr, ich gelobe Dir zu eigen, was in meinem Schoß ist. So nimm es von mir an. Siehe, Du bist der Hörende, der Wissende.“* Nach der Geburt sagte sie: *„Mein Herr, siehe, ich habe ein Mädchen geboren.“* Und der Koran bestätigt: *„Allah wusste wohl, was sie geboren hatte, denn ein Junge ist nicht wie ein Mädchen.“* So der Bericht in Sure 3:35 ff. Dort steht auch, dass die kleine Maria schon in jungen Jahren in die Obhut des Priesters Zacharias gegeben worden sei. Damit ist der künftige Vater von Yahya gemeint, der in der Bibel „Johannes der Täufer“ heißt.

„Sooft Zacharias zu ihr in den Tempel trat, fand er bei ihr Nahrung. Da fragte er: ‚O Maria, woher hast du das?‘ Sie antwortete: ‚Es ist von Allah. Fürwahr. Allah versorgt, wen Er will, ohne zu rechnen‘“ (Vers 37). Diese Geschichte findet sich nicht in der Bibel. Dennoch sind Parallelen zu der Geschichte Samuels

auffällig, der einst von seiner Mutter Hanna zum Priester Eli ins Gotteshaus bei Silo gebracht worden war. Auch Samuel wuchs im Tempel „vor dem Herrn auf“[34] und wurde zu einem mächtigen Propheten.

Anders als Samuel soll Maria auf übernatürliche Weise mit Essen versorgt worden sein. Gemäß Sure 3:44 sollen die Engel sogar miteinander *„gestritten“* haben, wer von ihnen sie versorgen darf. Deshalb heißt es, dass Maria *„von Gott auserwählt und gereinigt und vor den Frauen aller Welten erwählt“* sei.

Wie kommt diese Geschichte in den Koran? Sie stammt wohl aus dem sogenannten Protoevangelium des Jakobus, das um 150 n. Chr. verfasst wurde. Diese apokryphe Schrift erzählt, dass Joachim und Anna, die Eltern Marias, diese im Alter von drei Jahren in den Tempel von Jerusalem gebracht hätten, wo sie ihre Kindheit verbracht habe.

77. Überraschung: **Ohne Lieblingsfrau geht es wohl doch nicht**

Muslime dürfen in Mehrehe leben und offiziell bis zu vier Frauen heiraten. So steht es in der 4. Sure, Vers 3: *„Und wenn ihr fürchtet, sonst den Waisen nicht gerecht werden zu können, nehmt euch als Frauen, was euch gut erscheint, zwei, drei oder vier. Doch wenn ihr fürchtet, ihnen nicht gerecht werden zu können, heiratet nur eine oder diejenigen, welche ihr von Rechts wegen besitzt.“*

---

34 siehe den Bericht in 1. Samuel 1

Viele Muslime sind daher der Überzeugung, dass Mehrehe erlaubt sei, sofern ein Mann seine Frauen gerecht, das heißt gleich behandle. Andere weisen als Argument gegen die Mehrehe auf Sure 4:129 hin: *„Euch wird es niemals möglich sein, in Gerechtigkeit gegen eure Ehefrauen zu verfahren, wie sehr ihr es euch auch wünschen mögt"*, heißt es dort wortwörtlich. Doch daraus ein Verbot der Mehrehe abzuleiten, ist verfrüht, denn der darauffolgende Satz erklärt: *„Doch wendet euch nicht gänzlich einer zu, sodass ihr die andere wie in der Schwebe lasst."*

Andere Muslime halten die Mehrehe nur im Kriegsfall für legitim, wenn es zu wenige Männer gibt. Dies führen sie auf den ersten Teil von Sure 4:3 zurück, wo steht: *„Und wenn ihr fürchtet, sonst den Waisen nicht gerecht werden zu können ..."* Davon leiten sie ab, dass in einer Situation, in der es genug Männer für alle Frauen gebe, Vielehe nicht erlaubt sei.

Mohammed selbst soll laut Ibn Hischam vierzehn Frauen geheiratet haben, neun davon gleichzeitig. Wie ist das möglich, wenn doch nur vier erlaubt sind? In der 33. Sure, Vers 50 findet sich eine Sonderregelung für den Propheten: *„O Prophet! Wir erlauben dir deine Gattinnen, denen du ihre Brautgabe gegeben hast, und jene, die du von Rechts wegen besitzt von denen, die dir Allah (als Kriegsgefangene) gab, und die Töchter deiner Vaterbrüder und deiner Vaterschwestern sowie die Töchter deiner Mutterbrüder und deiner Mutterschwester, die mit dir auswanderten, und jede gläubige Frau, die sich dem Propheten schenkt, sofern der Prophet sie zu heiraten wünscht: ein besonderes Privileg für dich, nicht für andere Gläubige. Wir wissen wohl, was Wir für sie verordneten bezüglich ihrer Gattinnen und jener, die sie von Rechts wegen besitzen. (All dies,) damit du keinem Tadel ausgesetzt bist."*

Ist es möglich, so viele Frauen gleich zu behandeln? Wohl kaum. Tatsächlich wird vielfach überliefert, dass auch der Prophet Mohammed eine Lieblingsfrau hatte – Aisha, die Tochter seines besten Freundes Abu Bakr, die 40 Jahre jünger war als er. Wie schwer es selbst Mohammed gefallen sein muss, seinen Frauen gerecht zu werden, lesen wir in Sure 33:51: *„Du kannst auf später verlegen, welche von ihnen du willst, und zu dir nehmen, welche du willst. Und wenn du von jenen, die du hast warten lassen, wieder eine zu dir nehmen willst, soll es keine Sünde für dich sein."*

78. Überraschung: **Wie Misstrauen eine Gesellschaft prägt**

„O Prophet, sage deinen Frauen und deinen Töchtern und den Frauen der Gläubigen, dass sie etwas von ihrem Übergewand über sich ziehen sollen. So werden sie eher erkannt und nicht belästigt" (Sure 33:59).

Von diesem und von den in der 75. Überraschung zitierten Versen aus Sure 24:30 ff. wird die islamische Pflicht zum Kopftuchtragen hergeleitet. Und doch gibt es viele muslimische Frauen, die unverschleiert sind, denn so ganz klar sind die Gebote nicht. Es gibt allerdings noch einen dritten Vers, der zu diesem Thema zitiert wird: *„Und wenn ihr sie um einen Gegenstand bittet, bittet sie von hinter einem Vorhang. Solches ist reiner für eure und ihre Herzen"* (Sure 33:53).

Hier geht es zunächst um Verhaltensregeln für männliche Besucher im Hause des Propheten Mohammed. Wenn sie dessen Frauen um Essen oder Getränke baten, sollten sie dies hinter einem Vorhang tun. Die Gäste Mohammeds sollten seine Frauen also nicht sehen – und die Frauen nicht seine männlichen Gäste. Mich überrascht ein derart extremes Gebot.

Vielleicht wirft eine Geschichte aus dem Leben des Propheten etwas Licht auf diese Fragen. Aisha, Mohammeds Lieblingsfrau, begleitete ihn auf einem seiner Kriegszüge. Vor den Blicken der Männer geschützt, ritt sie auf einem Kamel in einer Art Zelt versteckt. Während sie in der Wüste ihre Notdurft verrichtete, verlor sie ihre Perlenkette. Also ging sie zurück, um diese zu suchen. Inzwischen setzte die Karawane ihre Reise fort und Aisha fand sich alleine in der Wildnis wieder. Ein junger Mann fand sie und brachte sie auf seinem Kamel zurück. Anstatt sich darüber zu freuen, dass ihr Leben gerettet wurde, klagte man Aisha des Ehebruches an. Auch Mohammed war sehr unsicher und ließ sie einen Monat lang schmoren. Wenn er schon gegenüber seiner Lieblingsfrau so wenig Vertrauen hatte, wie musste es dann erst mit den anderen Frauen sein?

So ist denn die islamische Kultur bis heute stark von Misstrauen geprägt. Man traut kaum einem Mann und noch viel weniger einer Frau. Die sexuelle Erregbarkeit der Männer ist der Punkt, um den sich vieles dreht, und die Lösung für dieses Problem besteht darin, dass die Frauen ihre Haut bedecken müssen. Nicht nur durch die Strafen des Schariagesetzes, sondern auch durch gesellschaftlichen Druck wird die islamische Frau von klein auf zur Bedeckung ihres Körpers und zu betont anständigen Körperhaltungen erzogen.

Von den muslimischen Männern wird dagegen viel weniger Keuschheit erwartet. Sie beteiligen sich zwar an der Überwachung ihrer eigenen Schwestern und zwingen diese zu einem makellosen Lebenswandel, doch sind viele von ihnen bereit, jede Frau außerhalb ihrer eigenen Familie zu belästigen oder gar zu missbrauchen, wenn sich eine Gelegenheit dazu bietet. Von klein auf haben sie gehört, dass die Schuld für sexuelle Vergehen nicht beim Manne liege, sondern bei der Frau, da sie ihn reize. Eine Lehre mit tragischen Konsequenzen.

Übersehen wird, dass der zitierte Koranvers eigentlich an die Männer gerichtet ist und ihnen sagt, *sie* sollen sich hinter einen Vorhang begeben. Diese Dimension des Verses ist leider kaum je beachtet worden. Die Verschleierung der Frau wurde zum großen Thema, nicht das Herz des Mannes.

79. Überraschung: **Das „Zeitalter der Unwissenheit" ist noch nicht vorbei**

Das Beduinenleben ist hart. Und es war wohl früher, als es noch keine Verhütungsmittel gab, noch härter. Woher sollte man mitten in der Wüste Nahrung für die wachsende Kinderschar beschaffen? Deshalb gewöhnten sich die Araber daran, das eine oder andere ihrer Kinder gleich nach der Geburt zu töten, insbesondere wenn es ein Mädchen war. Der Koran aber wendet sich wiederholt gegen diese barbarische Praxis, indem er das Vertrauen auf Gott dagegensetzt. So etwa in Sure 17:31: *„Und tötet eure Kinder nicht aus Angst vor Verarmung. Wir werden sowohl sie wie euch versorgen. Sie zu töten ist wahrlich eine große Sünde."*

Ob die Kinder wirklich lebendig begraben wurden, wie Muslime behaupten, oder ob dies eine spätere Dramatisierung ist, weiß ich nicht, noch wie oft derartige Kindstötungen wirklich praktiziert wurden. Interessant ist, dass alle meine muslimischen Freunde darüber mit Abscheu sprechen und daraus schließen, dass die Lage der arabischen Frauen in der vorislamischen Zeit – dem „Zeitalter der Unwissenheit" – schrecklich gewesen sein muss. „Vor dem Islam hatten die Frauen überhaupt keine Rechte", erzählen sie mir. „Viele wurden schon bei der Geburt getötet. Frauen konnten nicht vor Gericht aussagen und waren in jeder Hinsicht handlungsunfähig. Der Koran konnte dem weiblichen Geschlecht zwar nicht alle Rechte auf einmal geben, das hätte die Leute überfordert. Doch er gab ihnen doch zumindest das Recht auf Leben, das vorher nicht bestand. Auch gab er ihnen das Recht, mit halber Stimme vor Gericht auszusagen und halb so viel zu erben wie ihre Brüder."[35]

Diese Darstellung ist allerdings mit Vorsicht zu genießen, da sie offensichtlich nicht in allem den Tatsachen entspricht. Dies merkt man sogleich, wenn man nur ein wenig über die Lebensgeschichte Khadijas, der ersten Ehefrau Mohammeds, nachdenkt. Sie lebte in der sogenannten „Zeit der Unwissenheit", als Frauen vermeintlich noch keine Rechte hatten. Sie aber wurde als Frau von ihrer Gesellschaft respektiert, war sie doch als Alleinerbin ihres ersten Mannes eine reiche und geachtete Kauffrau, die ein Handelsunternehmen besaß und es selbstständig führte. Sie war es, die Mohammed anstellte und fragte, ob er sie heiraten wolle. Ich weiß nicht, ob es im heutigen Saudi-Arabien eine Witwe gibt, die in solcher Freiheit und Selbstverständlichkeit über ihr Geschäft verfügen und selbstständig über ihr Leben entscheiden kann wie

35 nachzulesen in Sure 2:282 und Sure 4:11

Khadija. Und doch gelten die vorislamischen Araber noch heute in der muslimischen Welt als unterentwickelt. Die Zeit vor dem 7. Jahrhundert wird verächtlich das „Zeitalter der Unwissenheit“ genannt.

Der Islam mag in einigen Bereichen Verbesserungen gebracht haben. Doch ob die Frauenrechte dazu gehören, ist eine offene Frage. Nach wie vor gilt die Geburt eines Jungen in weiten Kreisen als eine große Ehre, die eines Mädchens als Enttäuschung. Bis heute werden jedes Jahr Tausende junger Frauen umgebracht oder in den Selbstmord getrieben, um die Familienehre wiederherzustellen. Dafür töten Brüder ihre Schwestern und Väter ihre Töchter. Das Zeitalter der Unwissenheit ist offensichtlich immer noch nicht vorbei.

80. Überraschung: **Ein tragischer Vergleich – die Frau als Ackerland**

„Frauen stehen in angemessener Weise die gleichen Rechte (wie den Männern) zu, doch haben die Männer (in dieser Hinsicht) das letzte Wort.“ Soweit das Ende von Vers 228 aus der 2. Sure in meiner Ausgabe des deutschen Korans in der Übersetzung von Max Henning. Der Übersetzer hat allerdings versucht, die Aussage des Verses abzuschwächen. Im arabischen Urtext steht erstens nichts von *„in dieser Hinsicht“*; zudem ist der Satz viel prägnanter formuliert. Anstatt *„die Männer haben das letzte Wort“*, heißt es im Original: *„... die Männer stehen eine Stufe über ihnen.“*[36] Dies wird auch in Sure 4:34 betont:

---

36 *„... ua lilrigal aaleihinna daraga ...“*

„Die Männer haben Vollmacht und Verantwortung gegenüber den Frauen, weil Gott die einen vor den anderen bevorzugt hat und weil sie von ihrem Vermögen (für die Frauen) ausgeben. Die rechtschaffenen Frauen sind demütig ergeben.“

Daher ist es keine Überraschung, dass der Koran sich im Normalfall an Männer richtet. Das zeigt sich gerade dann, wenn das Thema „Frau“ angesprochen wird, so etwa in 2:221: *„Und heiratet keine Heidinnen …“* Es ist offenbar nicht nötig zu sagen: „Heiratet keine Heidinnen und keine Heiden …“ Desgleichen auch im nächsten Vers: *„Enthaltet euch eurer Frauen während der Menstruation …“* Es heißt nicht: „Habt keinen Verkehr *miteinander während der Menstruation.*“ Noch ein Beispiel aus Sure 226: *„Für die, welche schwören, sich von ihren Frauen zu trennen, sind vier Monate Wartefrist gesetzt.“* Auch hier steht nicht: „Für diejenigen Paare, welche schwören, sich voneinander zu trennen …“

Zwar gibt es einzelne Verse, in denen in der Einleitung sowohl gläubige Männer als auch Frauen angesprochen werden. Der Inhalt richtet sich dann prinzipiell doch wieder nur an die Männer. Dafür wurde folgende Erklärung gefunden: Alle Frauen waren damals Analphabeten. Es hätte also keinen Sinn gehabt, dass der Koran sich an sie wendet. Das ist nachvollziehbar. Doch in dem Fall wundere ich mich, weshalb der Koran nicht dazu aufruft, diesen Missstand zu ändern, und Vorsorge dafür trifft, dass auch Frauen lesen lernen.

Besonders fremd klingt in westlichen Ohren Sure 2, Vers 223: *„Eure Frauen sind euch ein Saatfeld. Geht zu eurem Feld, wie ihr wollt.“* Der hier beabsichtigte Gedanke soll wohl der sein, dass der Samen des Mannes in der Frau Frucht bringt wie der Gemüsesamen auf dem Feld. Der Schock, den der erste Satz auslöst, wird durch den zweiten noch vergrößert: *„Geht zu ihnen, wie ihr wollt."* Die Frau wird hier als ein seelenloses Feld beschrieben, das ihm immer zu Diensten steht – wann immer und wie immer es ihm beliebt. Auch Sure 3:14 klingt in unseren westlichen Ohren fremd: *„Den Menschen ist es eine Lust, sich an Frauen und Kindern, aufgespeicherten Schätzen, an Gold und Silber, Rassepferden, Herden und Ackerland zu erfreuen."* Frauen, Rassepferde, Herden, Ackerland – sind diese Dinge wirklich vergleichbar?

81. Überraschung: Strafen für Frauen

„Diejenigen aber, deren Widerspenstigkeit ihr fürchtet, warnt sie, meidet sie in den Schlafgemächern und schlagt sie" (Sure 4:34b). Lässt sich das Problem dieser Koranstelle lösen, wenn man erklärt, dass es nur darum gehe, die Frau „mit einem Zündholz" oder „einer Zahnbürste" symbolisch zu schlagen, wie manche Muslime behaupten? Wohl kaum, denn so steht es ja wirklich nicht da. Zudem schockiert nicht nur der Aufruf zum Schlagen, sondern bereits der Beginn des Verses. Was für eine eheliche Beziehung wird da vorausgesetzt? Sobald ein Mann auch nur *fürchtet*, seine Frau könnte widerspenstig werden, soll er mit verschiedenen Strafen beginnen. Könnte der Fehler nicht auch beim Mann liegen, der vielleicht seiner Frau Grund dazu gegeben hat, sich ihm zu widersetzen? Wieder begegnen wir dem extremen Misstrauen und der (vermeintlichen) Überlegenheit des Mannes gegenüber seiner Frau.

Ähnliches finden wir in Sure 4:15: *„Und wer von euren Frauen etwas Widerwärtiges begeht: Nehmt vier von euch als Zeugen gegen sie. Und wenn sie es bezeugen, schließt sie in die Häuser ein, bis der Tod sie nimmt oder Allah ihnen einen Ausweg zeigt."* Hier gilt die Schuld der Frau als bereits erwiesen, wenn vier Menschen es bezeugen. Zwar steht anschließend: *„Wenn sie bereuen und sich bessern, dann lasst von ihnen ab."* Doch wird dieser Vers gleich wieder relativiert: *„Vergebung haben bei Allah nur diejenigen zu erwarten, welche Übles in Unwissenheit taten und (rechtzeitig) bereuten ... Keine Vergebung haben aber jene zu gewärtigen, welche Übles taten bis, wenn der Tod sie ereilt, sie sprechen: ‚Siehe, jetzt bekehre ich mich!', und auch nicht jene, die als Ungläubige sterben."* Welche Vergehen sind es, derentwegen eine Frau unter Umständen für den Rest ihres Lebens eingesperrt werden kann? Das in diesem Vers verwendete Wort für „Widerwärtiges" (al fahhischa) beschreibt nicht nur sexuelle Verfehlungen. Es kann sich auch um einen schweren Verstoß gegen die Religion oder die Kultur handeln. Zwar sind die vier Zeugen, die zur Anklage benötigt werden, einerseits eine hohe Zahl, andererseits sind sie in der östlichen Kultur, wo es einen engen Familienzusammenhalt gibt, schnell gefunden. Und nun soll die Frau also für den Rest ihres Lebens nicht mehr aus dem Haus gehen dürfen. Sollte sie es trotzdem tun, kann sie sogar eingemauert werden. Ein Beispiel dazu findet sich in einem Bericht aus Saudi-Arabien[37]: Eine 22-jährige Frau wurde auf diese Art bestraft, weil sie während ihres Studiums im Ausland eine Beziehung mit einem nicht muslimischen Mann eingegangen war. Diese Frau endete im Wahnsinn.

---

37 Jean Sasson: „Ich, Prinzessin aus dem Hause Al Saud", Goldmann Verlag, 1992, S. 102

Was ist mit einem Mann, der etwas „Widerwärtiges“ begeht? Gibt es dafür keine Strafe?

Zum Glück gibt es gerade in der 4. Sure einige Gebote zum Schutz der Frau. So etwa Vers 19: *„Euch ist nicht erlaubt, Frauen gegen ihren Willen zu erben. Und behandelt sie nicht schlecht, um einen Teil von dem, was ihr ihnen gabt, von ihnen zurückzunehmen, es sei denn, sie hätten sich offenkundig unmoralisches Verhalten zuschulden kommen lassen. Verkehrt mit ihnen anständig. Und wenn sie euch zuwider sind, ist euch vielleicht etwas zuwider, in das Allah Reichtum gelegt hat.“*

Dennoch ist die Frage legitim, welche Garantie es dafür gibt, dass diese Ratschläge in der Praxis umgesetzt werden. Wenn nicht Männer sich für diese Frau einsetzen, hat sie keine Garantie, dass ihr diese Rechte bewilligt werden.

82. Überraschung: **Rund um Heirat und Scheidung**

In Sure 5:5 steht: *„Heute sind euch erlaubt … die ehrbaren gläubigen Frauen und die ehrbaren Frauen derer, die vor euch die Schrift erhalten haben.“* In Sure 2:221 dagegen finden wir ein Verbot: *„Und gebt nicht (gläubige Frauen) an heidnische Männer in die Ehe, solange diese nicht gläubig werden!“*

Ein Muslim darf also eine christliche oder jüdische Frau heiraten, kann aber seine Tochter nicht einem Christen oder Juden zur Frau geben. In vielen islamischen Ländern ist es bis heute verboten, dass ein Christ eine muslimische Frau heiratet. Er muss sich von Gesetzes wegen offiziell dem Islam zuwenden, um sie heiraten zu können. Widerspricht dies nicht der Aussage in Sure 2, welche fordert, dass es keinen Zwang in der Religion geben dürfe? Warum ändern die arabischen Staaten diese Gesetze nicht?

Weiter fällt auf, dass alle schönen Koranverse zur Ehe ausschließlich an Männer gerichtet sind:

Sure 30:20: *„Zu seinen Zeichen gehört auch, dass Er euch Gattinnen aus euch selbst schuf, damit ihr bei ihnen ruht. Und Er hat zwischen euch Liebe und Barmherzigkeit gesetzt."*

Sure 2:187: *„Sie* [eure Frauen] *sind euch ein Kleid und ihr seid ihnen ein Kleid."*

Sure 2:231: *„Und wenn ihr euch von euren Frauen scheidet und ihre (Warte-)Frist ausläuft, dann haltet sie in Güte fest oder entlasst sie in Güte. Doch haltet sie nicht fest, um ihnen Schaden zuzufügen."*

Ein entscheidender Punkt fiel mir auf: Die Zustimmung der Frau zur Eheschließung wird an keiner Stelle im Koran verlangt. Deshalb wird bis heute in konservativen islamischen Ländern die Heiratsurkunde von einem „Vormund der Frau" unterschrieben und nicht von ihr selbst. Selbst ihre Gegenwart ist mancherorts noch nicht einmal notwendig.

Desgleichen ist es der Mann, der alleine über die Ehe*scheidung* entscheidet, wie ein Blick in die 65. Sure zeigt: *„O Prophet! Wenn ihr euch von Frauen scheidet ..."* Wer an der Zerrüttung der Ehe die Schuld trägt, spielt offenbar keine Rolle.

Die Kinder sind nach Aussage von Sure 65:6 automatisch Eigentum des Mannes, denn er muss die geschiedene Frau nun dafür bezahlen, dass sie das Kind für ihn stillt. Können sie sich aber über diesen Lohn nicht einigen, *„so stille eine andere für ihn"*.

Man muss sich einmal vorstellen, was das für eine Mutter bedeuten kann!

Auch der 4. Vers der Sure 65, welche den Namen „Die Scheidung" trägt, enthält eine irritierende Überraschung. In dieser Passage werden Wartefristen bis zur Scheidung festgelegt: *„Und diejenigen eurer Frauen, welche keine Monatsregel mehr zu erwarten haben: Wenn ihr im Zweifel seid, sei ihre Wartefrist drei Monate; und ebenso bei denen, die noch keine Monatsregel hatten."*

Ja, Sie haben richtig gelesen: Es kann vorkommen, dass ein Mann sich von einer Ehefrau scheiden lässt, die noch ein Kind ist und gar keine Blutung gehabt hat ... Aber wie alt war sie dann wohl, als er sie geheiratet hat?

Einer meiner muslimischen Freunde hatte eine Erklärung für diesen schwierigen Vers parat. In den ersten Jahren des Islam seien viele Araber Muslime geworden, die noch als Heiden minderjährige Mädchen geheiratet hätten. Mohammed habe natürlich die Kinderehe verboten, aber er hätte diesen Männern auch Regeln geben müssen, wie sie ihre Kinderbräute wieder entlassen könnten.

Diese Argumentation führen aber die Millionen Muslime nicht an, die bis heute Kinderbräute heiraten – und sich dabei auf den Koran berufen. Zum einen hat ja Mohammed selbst Aisha als Kind geheiratet (nach Aussage der Hadithe war sie neun Jahre alt). Zum anderen fällt es auch hier schwer, den Koran einmal als ewiges, unabänderliches Gottesbuch zu verstehen und ein anderes Mal als ein Buch, das Gebote enthält, die nur für eine Generation galten. Drittens gibt es schlicht keinen Vers, der Ehen mit Kindern klar verbietet. Leider.

83. Überraschung: **Ungeschickter Schutz gegen voreilige Ehescheidung**

Als Schutz gegen voreilige Ehescheidung ist Sure 2:229 gedacht: *„Der Scheidungsspruch ist zweimal (erlaubt), dann aber müsst ihr sie in Güte behalten oder im Guten entlassen.“* Das heißt, erst wenn der Mann die Scheidungsformel dreimal hintereinander ausgesprochen hat, ist der Zerbruch einer Ehe endgültig. Eine Scheidung findet nach dem Koran also nicht durch den Richter statt, sondern allein durch den Ehemann. *„Und wenn ihr fürchtet, dass beide Allahs Gebote nicht halten können, so begehen beide keine Sünde, wenn sie sich mit etwas loskauft.“* Aufgrund dieses Verses gibt es in manchen islamischen Staaten die Möglichkeit, dass eine Frau sich freikauft.[38] Sie kann sich zwar nicht scheiden lassen, aber immerhin loskaufen. Falls der Gatte einwilligt.

Voraussetzung dafür ist natürlich, dass sie das Geld hat, mit dem sie sich loskaufen könnte. Ursprünglich sollte der Brautpreis, die sogenannte Morgengabe, die der Bräutigam ihr nach Sure 4:4 bei der Hochzeit als Geschenk geben muss, für diesen Zweck aufbewahrt werden. Das aber ist in der Praxis selten realisierbar. Daher ist die vorhandene Möglichkeit des Loskaufes für die meisten Musliminnen keine wirkliche Alternative.

---

38 Dieser Freikauf wird „khola“ genannt.

Weiter in Vers 230: „*Und wenn er die Scheidung (ein drittes Mal und damit unwiderruflich) ausspricht, ist sie ihm nicht mehr erlaubt, ehe sie nicht einen anderen Gatten geheiratet hat. Wenn dieser sie entlässt, so begehen beide keine Sünde, wenn sie wieder zueinander zurückkehren …*“ Dieses Gebot stellt ein großes Problem dar. Die Scheidung ist im Islam kein Prozess wie in anderen Teilen der Welt. Dass man den Scheidungsspruch dreimal wiederholen muss, ist zwar als Schutz gedacht. Doch in der Praxis geschieht es oft, dass diese Formel im Zorn voreilig innerhalb kurzer Zeit dreimal wiederholt wird. Hinterher ist man reuig. Nun ist es aber nicht mehr möglich zusammenzubleiben. Ein anderer muss die Geschiedene heiraten, zu ihr eingehen und sich dann wieder von ihr scheiden. Nur so kann man die Ehe retten. Es könnte zum Beispiel ein gutmütiger Freund der Familie sein, der netterweise auf die Schnelle zu diesem sexuellen Liebesdienst zur Rettung einer Familie bereit ist.

So steht es geschrieben. Gut gemeint, aber realistisch?

84. Überraschung: **Gattinnen kann man eintauschen**

Als ich die 4. Sure las, erlebte ich eine große Überraschung: „*Und wenn ihr eine Gattin anstelle einer anderen nehmen wollt …*“ (Sure 4:20). Und an anderer Stelle sagt Allah zu Mohammed: „*Dir sind von jetzt ab keine weiteren Ehefrauen mehr erlaubt, noch darfst du für sie andere Gattinnen eintauschen, auch wenn dir ihre Schönheit gefällt, abgesehen von jenen, die du von Rechts wegen besitzt*“ (Sure 33:52).

Wörtlich übersetzt lautet Sure 4:20: *„Und wenn ihr wünscht den Eintausch einer Ehefrau anstelle von Ehefrau …"* Wie kommen diese Verse in den Koran?, fragte ich mich und erhielt zur Antwort, dass Frauentausch vor dem Islam bei den Arabern üblich gewesen sein soll. Die meisten Muslime glauben, dass der Koran diese heidnische Praxis abgeschafft hat. Und doch enthält dieser tatsächlich nach wie vor die göttliche Erlaubnis zum Frauentausch. Man kann zwar anführen, dass in diesem Vers eigentlich Scheidung und Heirat einer neuen Frau gemeint sei, denn wenn in Sure 33 sogar dem Propheten Mohammed verboten wurde, seine Frauen gegen schönere einzutauschen, dann gelte dies natürlich auch für jeden anderen Muslim. Aber es hindert reiche Muslime in manchen Ländern bis heute trotzdem nicht daran, Frauen einzutauschen, wie sie wollen. Ganz legal hat zum Beispiel Mohammed bin Laden, der Vater von Osama bin Laden, im Laufe seines Lebens 22 Frauen geheiratet. Er hat sich einfach immer von einer scheiden lassen und dafür eine neue geehelicht – und kam so nie über die erlaubten vier Frauen. Die Kinder – 54 an der Zahl – übergab er jeweils einer der drei Verbliebenen zur Erziehung, während er die geschiedenen Frauen allein zurückließ. Auf dem Flug zu seiner 23. Hochzeit ist er übrigens am 13. September 1967 abgestürzt und ums Leben gekommen.

Scheidung und Wiederverheiratung sind bis heute in einigen konservativen muslimischen Ländern für Männer noch sehr einfach. Die einzige Grenze ist die, dass die erlaubte Zahl von vier Frauen nie überschritten wird.

85. Überraschung: **Zwei besondere Nächte – und wo es in den Himmel geht**

Inzwischen wusste ich eine ganze Menge über den islamischen Propheten Mohammed. Doch obwohl der Koran ihn dauernd anspricht, wird sein Name im Koran nur viermal genannt. Wer wirklich etwas über sein Leben wissen will, muss den umfangreichen Lebenslauf von Ibn Hischam studieren. Der Koran erzählt zwar, wie Jesus geboren wurde, sagt aber nichts über die Geburt Mohammeds. Auch wenn das Volk jedes Jahr das Wiegenfest des arabischen Propheten mit großem Aufwand feiert, lehnen viele Theologen dieses Fest ab. Streng nach konservativer Theologie soll es eine Sünde sein, seinen Geburtstag oder den irgendeines anderen Propheten zu feiern.

Und doch gibt es einen Gedenktag, den auch die Konservativen feiern: den Geburtstag des Korans selbst. Oder besser gesagt: den Tag, an dem der erste Teil des Korans offenbart wurde. Man nennt dieses Fest „Die Nacht der Macht". Sie ähnelt tatsächlich in gewissem Sinn Weihnachten. Es ist der Augenblick, in dem erwartet wird, dass ein Stück Himmel auf diese Erde kommt. In dieser Nacht erwartet man himmlische Geschenke. Sie wird in der kurzen 97. Sure beschrieben: *„Wir haben ihn* [den Koran] *wahrlich in der Nacht des Schicksals herabgesenkt. Und was lässt dich wissen, was die Nacht des Schicksals ist? Die Nacht des Schicksals ist besser als tausend Monate. In ihr kommen die Engel und der Geist mit ihres Herrn Erlaubnis herab, mit jeglichem Auftrag. Frieden ist sie bis zum Anbruch der Morgenröte."*

Niemand weiß genau, an welchem Datum die erste Sure auf Mohammed herabgesandt wurde. Es soll eine der fünf letzten ungeraden Nächte des Monats Ramadan gewesen sein. Jedes Jahr bemächtigt sich eine intensive Erwartungshaltung der islamischen Welt. Es soll also eine Nacht geben, in der der Himmel sich öffnet und Gebete erhört werden. In dieser Nacht kann sich das Schicksal eines Menschen von Grund auf verändern. Es gilt, diese Chance nicht zu verpassen!

„Diese Nacht ist auch für jeden Muslim von großer Bedeutung“, erklärt die Enzyklopädie des Islam, „da seine Bittgebete in jener Nacht besondere Erfüllung erhalten und der Mensch eine besondere Nähe zu seinem Schöpfer (chaliq) verspüren kann. Denn im Gegensatz zum Ritualgebet, in dem der Betende idealerweise zur Himmelfahrt ‚aufsteigt‘, steigen in der Nacht der Bestimmung die Engel auf Gottes Geheiß herab, wodurch auch die besondere Nähe für den ermöglicht wird, der sich zuvor noch nicht hinreichend geläutert hat.“

Und doch: Wieso sollte die Nähe zum Schöpfer von einem bestimmten Zeitpunkt abhängen und nicht vielmehr von der Herzenshaltung? Und wenn Gott diese Nähe zum Menschen sucht, wieso sagt er ihm nicht klar, welche Nacht die „Nacht der Macht“ ist? Warum diese Geheimniskrämerei? Und ist es nicht tragisch, dass der islamische Himmel sich nur einmal pro Jahr öffnet und man den Zeitpunkt noch nicht mal genau kennt?

Noch eine andere Nacht im Leben des islamischen Propheten ist berühmt geworden. Eines Morgens erzählte Mohammed, er sei in dieser Nacht nach Jerusalem gereist und von dort durch die sieben Himmel bis zum Thron Gottes aufgestiegen. Dieser habe ihm fünfzig Gebetszeiten für die Muslime vorgeschrieben. Auf Anraten Moses' sei dann Mohammed so oft zu Allah zurückgegangen, bis die Gebetszeiten auf fünf reduziert wurden. Darauf bezieht sich Sure 17:1: „*Gepriesen sei der, der Seinen Diener des Nachts von der unverletzlichen Moschee zur fernsten Moschee führte.*“ Auch der 60. Vers wird meist darauf bezogen: „*Und Wir bestimmten, dass die Vision, die Wir dich sehen ließen, eine Prüfung für die Menschen sei, ebenso wie der verfluchte Baum im Koran.*“[39]

Das geflügelte Pferd Burak, welches schon frühere Propheten transportierte, soll ihn hingebracht haben. Andererseits sagte seine Lieblingsfrau Aisha gemäß den Nachforschungen Ibn Hischams, Mohammed habe die ganze Nacht neben ihr gelegen. Deshalb glauben viele Muslime, dass es sich um eine Vision gehandelt hat. Andere aber beharren darauf, dass die Reise tatsächlich stattgefunden hat, denn – so sagen sie – es befänden sich ja bis heute die Hufabdrücke des Pferdes Burak im Felsendom in Jerusalem.

Dazu drei kurze Denkanstöße:

- Ein geflügeltes Pferd, das Propheten befördert, kommt bei keinem anderen der im Koran erwähnten Propheten vor. Nur in der griechisch-heidnischen Mythologie findet sich ein geflügeltes Pferd namens Pegasus. Es ist das Kind des Meeresgottes Poseidon und der Gorgone Medusa. Auch dieses Pferd galt also als göttliches Wesen. Aber was hat diese heidnische Märchengestalt im Islam zu suchen?
- In Sure 17:1 wird die Behauptung aufgestellt, dass schon damals eine Moschee in Jerusalem gestanden habe. Das ist schwer möglich. Nach Ibn Hischam wurde die erste

39 Damit ist der Baum Zaqqum gemeint, den es laut Sure 44:43-46 in der Hölle geben soll. Seine Frucht soll aus Satansköpfen bestehen. Von ihm müssen die Geplagten essen, obwohl diese Nahrung ihnen unsagbare Leiden verursacht.

Moschee erst später in Medina erbaut. Doch zur Zeit dieser Vision war Mohammed noch in Mekka.
- Der Abstecher nach Jerusalem überrascht. Offenbar gab es von Mekka aus keinen direkten Weg in den Himmel.

86. Überraschung: **Teamarbeit mit Gott**

Einige Suren zeigen auf eindrückliche Weise, wie Gott Mohammed Demut lehrte. So steht in Sure 46:9: *„Sprich: ‚Ich bin kein neuer Erfinder unter den Gesandten, und ich weiß nicht, was mit mir oder mit euch geschehen wird. Ich folge nur dem, was mir offenbart wird; und ich bin nur ein deutlicher Warner.'"* So auch Sure 21:7-8, die ebenfalls aus der Mekka-Zeit stammt: *„Auch vor dir entsandten Wir nur (sterbliche) Männer, denen Wir Uns offenbarten. Fragt nur das Volk der Ermahnung* [Christen und Juden], *falls ihr es nicht wisst. Und Wir machten sie nicht zu Wesen, die keine Nahrung aufnehmen, noch waren sie unsterblich."* Was hier von den früheren Propheten gesagt wird, gilt auch für Mohammed. Nach dem Koran war er ein Mensch wie du und ich.

Doch andere Verse klingen ganz anders. Mohammed wird immer näher zu Allah gerückt. So etwa in Sure 72:23b: *„Und wer sich Allah und Seinem Gesandten widersetzt, für den ist Höllenfeuer bestimmt, für ewig und immerdar."* Laut Sure 33:36 richtet Allah nicht mehr alleine: *„Wenn Allah und Sein Gesandter eine Sache entschieden haben, geziemt es einem gläubigen Mann oder einer gläubigen Frau nicht, in ihren Angelegenheiten eine andere Wahl zu treffen. Und wer gegen Allah* *und Seinen Gesandten aufsässig wird, der ist in offenkundigem Irrtum."* Solch starke Worte werden beispielsweise benutzt, um Scheidung und Wiederverheiratung Zeynabs zu rechtfertigen.

Schlussendlich wurde im islamischen Glaubensbekenntnis Mohammed neben Allah gesetzt. Daher wäre es für die meisten Muslime nicht akzeptabel, wenn ein Jude sagen würde: „Es gibt keinen Gott außer dem Einen und Mose ist sein Prophet."

Auch ist das Höllenfeuer nach Aussage des Korans denjenigen bestimmt, die Allah etwas beigesellen. So werden Christen trotz anfänglicher Toleranz in späteren Koranversen verdammt, weil man ihnen nicht abnimmt, dass sie an einen einzigen Gott glauben (Sure 5:17 und 5:73). Auch von den Juden wird behauptet, sie würden an einen Gottessohn glauben. Ich weiß, es ist heikel, über dieses Thema zu sprechen. Aber ich wage es trotzdem. Ich stellte mir die Frage, ob Mohammed sich nicht selbst Gott beigesellt hat. Und ich wage es zu fragen: Was wird die Zukunft denen bringen, die Mohammed nachfolgen, der sich fast auf die gleiche Stufe mit Allah stellt oder von seinen Nachfolgern auf die gleiche Stufe mit Allah gestellt wird? Denjenigen, die Gott etwas hinzufügen, werden im Koran vielfach ewige Höllenqualen angedroht.

87. Überraschung: **Jesus ruft zum Krieg auf**

Viel hatte ich inzwischen über den Koran gelernt. Und doch gab es noch ein Rätsel, das mir unter den Fingern brannte. Es war die Person Jesu im Koran. Die positiven Verse habe ich ja bereits in den ersten Überraschungen genannt. Aber wie sind die Verse einzuordnen, die sich nicht mit der Bibel vereinbaren lassen?

Zum Beispiel Sure 61, die den Namen „Die Schlachtordnung" trägt. Am Anfang findet sich bereits jener befremdliche Vers, der behauptet, dass Allah fürwahr diejenigen liebe, *„welche auf Seinem Weg in Schlachtordnung kämpfen, so als wären sie eine festgefügte Mauer"* (Vers 4). Dass es in dieser Sure nicht nur darum geht, Schlachtordnungen zu beschreiben, sondern die Muslime zum Krieg zu motivieren, zeigt sich in Vers 10. Dort ruft Allah zu einem Handel auf: Die Muslime sollen für Allah kämpfen und dafür vor schmerzhaften Strafen errettet werden. Und Vers 11 verstärkt das noch: *„Glaubt an Allah und Seinen Gesandten und setzt euch auf Allahs Weg mit Gut und Blut ein."* Diese Tat führt laut Vers 12 zur Vergebung der Sünden, zum Paradies und zur Glückseligkeit. In Vers 13 wird dann der baldige Sieg verheißen. Gleich darauf wird Jesus erwähnt. Er soll seine Jünger aufgerufen haben, ihm zu helfen. Wobei? Das wird am Ende des nächsten Verses klar: *„Wir aber halfen den Gläubigen gegen ihren Feind, und sie siegten."*

Das war für mich unbegreiflich. Was hat Jesus in dieser Kriegssure zu suchen? Gegen welchen Feind soll er gekämpft und wen besiegt haben? Warum behauptet diese Sure, Jesus habe zum Krieg aufgerufen, obwohl doch Jesus in Sure 19:33

von sich selbst sagt: *„Friede ist auf mir am Tag meiner Geburt, am Tag meines Todes und am Tag meiner Auferstehung“*? Der Koran war sich doch bewusst, dass Jesus nie zum Schwert gegriffen hat. Der Gedanke, dass das Evangelium zum Krieg im Namen Gottes aufrufe, findet sich leider auch noch in Sure 9:111: *„Sie kämpfen auf Allahs Weg, töten und werden getötet. Das ist ein Ihn bindendes Versprechen, gewährleistet in der Thora, im Evangelium und im Koran.“* Im Evangelium? „Wenn mein Reich von dieser Welt wäre, so hätten meine Jünger gekämpft“, sagt Jesus in den Evangelien, „nun aber ist mein Reich nicht von dieser Welt“ (Johannes 18,36), und: „Wer das Schwert nimmt, wird durch das Schwert umkommen“ (Matthäus 26,52). Jesus Gewalttätigkeit anzudichten, ist eine Tragödie, denn gerade von ihm können wir lernen, dass Frieden ohne Waffen möglich ist!

88. Überraschung: **Jesus und Ahmed**

Immer wieder fragten mich meine muslimischen Freunde nach dem Bibelvers, der das Kommen Mohammeds prophezeie. Sie glaubten mir nicht, dass ich die ganze Bibel gelesen und keinen solchen Vers gefunden habe. Schließlich steht ja in Sure 61:6: *„(Bedenke auch) als Jesus, der Sohn der Maria, sprach: ‚O ihr Kinder Israels! Ich bin wirklich Allahs Gesandter für euch, bestätigend die Thora, die vor mir war, und einen Gesandten ankündigend, der nach mir kommen und dessen Name Ahmed sein wird.‘“*

Die erste Schwierigkeit besteht natürlich darin, dass arabische Namen in der Bibel nicht vorkommen. Daher ist auch „Ahmed“ in der Bibel nicht zu finden. Trotzdem haben unzählige Muslime die Bibel durchstöbert, um nach einer Spur jenes Ahmed Ausschau zu halten. Manche meinen, ihn im 5. Buch Mose, andere in Salomos Büchern gefunden zu haben, vergessen dabei aber, dass es nach Aussage des zitierten Koranverses Jesus war, der das Kommen von Ahmed verheißen haben soll. Daher muss man gar nicht außerhalb der Evangelien suchen.

Im Johannesevangelium, Kapitel 12 und 14 verabschiedet sich der Messias am Vorabend der Kreuzigung von seinen Jüngern und ermutigt sie mit den Worten, dass er sie nicht alleine lassen, sondern ihnen den Heiligen Geist als Tröster senden wird. Hier nun glauben einige muslimische Autoren einen Hinweis auf die Prophezeiung jenes Ahmed gefunden zu haben, und zwar aufgrund des Wortes „Parakletus“, des griechischen Wortes für „Tröster“. Wenn man daran nur zwei Vokale verändert – so das Argument –, erhält man „Perikletus“, was auf Deutsch „gepriesen“ heißt und im Arabischen „Mohammed“ bedeutet.

Dabei berücksichtigen sie allerdings nicht, dass die griechische und die arabische Sprache anders strukturiert sind. In semitischen Sprachen kann man häufig (allerdings auch nicht immer!) die Vokale wechseln, ohne den grundsätzlichen Sinn eines Wortes zu verändern. Die Konsonanten bilden den Wortstamm, der erst durch die Vokale unterschiedliche Bedeutungen bekommt. Das ist im Griechischen nicht möglich. Griechisch ähnelt eher der deutschen Sprache, in der die Worte „Tasche“ und „Tische“ oder „List“, „Last“ und „Lust“ nicht sinnverwandt sind, obwohl sie die gleichen Konsonanten enthalten. „Parakletus“ und „Perikletus“ sind nicht das Gleiche. Die Begriffe für „Tröster“ und „gepriesen“ sind im Griechischen unverwechselbar.

Die ganze Bibel enthält nur einen einzigen klaren Hinweis auf einen zukünftigen Propheten, und zwar in 1. Mose 18, Vers 15: „Einen Propheten wie dich will ich ihnen aus der Mitte ihrer Brüder erstehen lassen.“ Diese Worte sagt Gott zu Mose. Dem interessierten Leser muss klar sein, dass mit dem Propheten „aus der Mitte ihrer Brüder“ nur ein Jude gemeint sein kann. Und jüdische Propheten, die nach Mose auftraten, gab es viele. Dieser Vers ließe sich also eher auf Samuel, David, Daniel, Jesaja oder Jona beziehen als auf den Araber Mohammed.

89. Überraschung: **Sind alle Propheten gleich?**

Im Koran werden alle Diener Gottes Propheten (Anbiyá) genannt, ungeachtet der Tatsache, ob sie prophetische Bücher hinterlassen haben oder nicht. Fünf von ihnen werden zusätzlich noch „Gesandte“ (Rusul) genannt. Die meisten meiner muslimischen Freunde sind der Meinung, dass es keinen Unterschied zwischen den Propheten gebe. Sie seien alle gleich wichtig. Unter den fünf Gesandten dagegen (Abraham, Josef, Moses, Jesus und Mohammed) gebe es eine klare Rangordnung, wobei jeder nachfolgende Gesandte wichtiger sei als der vorhergehende.

Ich hatte keinen Grund, daran zu zweifeln, dass der Koran dies so lehrt. Allerdings staunte ich nicht schlecht, dass ich dort eine anderslautende Aussage fand: In Sure 2, Vers 285 las ich: *„Alle glauben an Allah und Seine Engel und Seine Schriften und Seine Gesandten und* machen keinen Unterschied *zwischen Seinen Gesandten"* (Hervorhebung des Autors). Was mich vor allem überraschte, war, dass hier die Gesandten (Rusul) alle gleichwertig sein sollen. Dies stand im Widerspruch zu dem, was meine Freunde mir erklärt hatten. Dennoch steht in der gleichen Sure, ein paar Verse zuvor, wiederum etwas ganz anderes: *„Die Gesandten* – einigen von ihnen gaben Wir Vorrang vor den anderen. *Zu einigen von ihnen sprach Allah, andere erhöhte Er auf andere Weise im Rang. Und Wir gaben Jesus, dem Sohn der Maria, die klaren Beweise und stärkten ihn durch heilige Eingebung"* (Vers 253; Hervorhebung des Autors).

Darf man nun zwischen den Propheten keinen Unterschied machen oder haben doch einige Vorrang vor den anderen? Der Koran möchte offenbar alle Gesandten auf der gleichen Stufe sehen, merkt dann aber in der Praxis, dass es doch große Unterschiede gibt. Und genau diese Unsicherheit merkt man auch im Gespräch mit Muslimen.

Sure 2:285 gibt drei Hinweise darauf, worin die Unterschiede bestehen. Erstens soll Allah mit einigen Propheten persönlich gesprochen haben. Hier ist wohl vor allem Moses gemeint, von dessen einzigartiger Begegnung mit Gott auf dem Berg Sinai sowohl in der Bibel als auch im Koran berichtet wird.

Zweitens hat Gott manche *„auf andere Weise im Rang erhöht"*. Damit wird meistens an Mohammed gedacht, weil er in Sure 33:40 als *„das Siegel der Propheten"* bezeichnet wird. Es lässt sich aber trefflich streiten, ob der Ausdruck *„Siegel der Propheten"* wirklich eine „Erhöhung im Rang" bedeutet. Ein Siegel bestätigt ja die Glaubwürdigkeit eines bereits bestehenden Briefes, ohne ihn zu verändern. Ein Siegel gibt dem, was es verschließt, Gewicht und Schutz. Es ist aber nicht wertvoller als der Inhalt des Briefes, sondern dient ihm.

Drittens überrascht aber, dass Jesus in Vers 253 als Einziger namentlich genannt wird. Tatsächlich hat er ja nach den Aussagen des Korans nicht nur mit Gott geredet, sondern trägt sogar selbst den Titel „Wort Gottes". Mit seinen anderen Titeln „Ayatollah" (Sure 19:21, 21:91 und 23:50), „Geist Gottes" und „Messias" kann er durchaus als „im Rang erhoben" gelten. Er hatte *„klare Beweise"*, womit sicher seine Wunder gemeint sind. Er ist nach Aussagen des Korans der einzige Prophet, der Kranke heilt, Tote auferweckt und um die verborgenen Sünden der Menschen weiß. Zudem wurde Jesus nach Sure 2:253 durch *„heilige Eingebung"* gestärkt. Übersetzt man diesen Text genauer, heißt es im Arabischen: *„mit dem Heiligen Geist gestärkt"*. Das ist eine Überraschung.

Meine muslimischen Freunde setzen oft „Heiliger Geist" einfach mit „Geist Gottes" gleich. Mit „Geist Gottes" wird im Islam der Engel Gabriel bezeichnet. Damit wäre Jesus also von einem Engel gestärkt worden. Doch was wirklich dasteht, ist „Heiliger Geist", nicht „Geist Gottes". Könnte es sein, dass der Koran uns also ungewollt zwischen den Zeilen zu verstehen gibt, dass es doch Jesus ist, der eigentlich Vorrang haben sollte vor allen anderen Propheten?

90. Überraschung:
Die Flüche Jesu

„Verflucht wurden die Ungläubigen unter den Kindern Israel durch die Zunge Davids und Jesu, des Sohnes der Maria, dies, weil sie rebellisch waren und sich vergingen.“ Dies liest man in Sure 5:78. Ausgerechnet Jesus soll verflucht haben, er, der seine Jünger nicht zur Gewalt aufrief, sondern dazu, diejenigen zu segnen, die sie verfluchen, und diejenigen zu lieben, die sie hassen. „Ihr habt gehört, dass gesagt ist: ‚Auge um Auge und Zahn um Zahn.‘ Ich aber sage euch, dass ihr dem Bösen nicht widerstehen sollt; sondern wer dich auf die rechte Backe schlägt, dem biete auch die andere dar, und dem, der gegen dich den Richter anruft und dir den Rock nehmen will, dem lass auch den Mantel, und wer dich nötigt, eine Meile weit zu gehen, mit dem gehe zwei“ (Matthäus 5,38-41).

Kann es sein, dass der Messias gleichzeitig die Feindesliebe lehrte und andere verfluchte? Es stimmt, dass er den Untergang Jerusalems voraussagte. Aber nicht, indem er Jerusalem verfluchte, sondern indem er über Jerusalem trauerte. Es stimmt, dass er Wehrufe über diejenigen ausrief, die in Stolz und Hochmut leben. Aber verflucht hat er sie nicht. Es stimmt, dass er Händler mit Gewalt aus dem Tempel trieb und aufgebracht rief: „Schafft das weg von hier! Macht das Haus meines Vaters nicht zu einem Kaufhaus!“ Ein Fluch ist das aber nicht.

In Mohammeds Leben gibt es tatsächlich Situationen, in denen er vergab, und andere, in denen er mit brutaler Härte durchgriff. Es scheint für ihn kein Widerspruch zu sein. Daher mag es im Koran den gleichen Widerspruch in der Persönlichkeit Jesu geben. Dass dieser sowohl zum Frieden als auch zum Krieg aufruft, erscheint innerhalb des koranischen Denkens augenscheinlich normal.

Der biblische Jesus aber verabscheut Gewalt. Anstatt seine Jünger im Gebrauch von Waffen zu unterweisen, bereitet er sie darauf vor, Verfolgung zu erwarten und zu ertragen. „Selig seid ihr, wenn sie euch schmähen und verfolgen und alles Arge wider euch reden um meinetwillen und damit lügen. Freuet euch und frohlocket, weil euer Lohn groß ist in den Himmeln. Denn ebenso haben sie die Propheten verfolgt, die vor euch gewesen sind" (Matthäus 5,11-12). Und für seine Peiniger am Kreuz betete Jesus: „Vater, vergib ihnen, denn sie wissen nicht, was sie tun."

91. Überraschung: **Was Christen vom Koran lernen können**

„Wahrlich, ungläubig sind, die da behaupten: Allah, das ist gewiss der Messias, der Sohn der Maria." Sure 5:17 ist einer der Verse, die Christen zu Ungläubigen, ja, zu Ketzern erklären. Ich kann das in einem gewissen Sinn nachvollziehen. Dass man keinen Menschen vergöttern soll, lehrt ja auch die Bibel. Andererseits gibt es ausgerechnet im Koran die Geschichte von der Anbetung Adams. Der Engel, der sich weigerte, ihn anzubeten, soll für immer bestraft worden sein. Die islamischen Theologen erklären, nicht der Mensch Adam sei angebetet worden, sondern der Geist Gottes in ihm. *„Isa (Jesus) ist vor Allah wie Adam"*, steht in der 3. Sure, Vers 59. Wenn das so ist, dann müsste es doch eigentlich im Fall von Jesus noch viel mehr Grund geben, die Gegenwart von Gottes

Geist in ihm festzustellen. Wurde doch der Geist Gottes bei der Zeugung Jesu nach Aussage von Sure 66:12 Maria eingehaucht. Der Messias ist der einzige Prophet, der von einer Jungfrau geboren wurde. Zudem vollbrachte er Wunder, die bewiesen, dass er göttliche Eigenschaften besaß. Gerade im Islam ist einer der Titel Jesu „Geist Gottes", ein anderer „Wort Gottes".

Als Christ muss ich mich in Acht nehmen. Die Aussage „Jesus ist Gott" kommt uns oft so leicht über die Lippen, ohne dass wir uns bewusst sind, wie ungeheuerlich diese Aussage eigentlich ist. Doch was lehrt die Bibel? Jesus lebte drei Jahre lang 24 Stunden am Tag mit seinen Jüngern zusammen, und erst zum Ende seines Wirkens hin begannen die Jünger, die Gegenwart Gottes in ihm zu entdecken. Sie sahen in ihm zunächst nur einen Rabbi (Lehrer) und einen Propheten. Das änderte sich erst mit der Auferstehung.

Im Kolosserbrief steht: „In ihm wohnt die ganze Fülle der Gottheit leibhaftig" (Kolosser 2,9). Interessant, dass auch hier unterschieden wird zwischen „ihm" als Mensch Jesus und der Gottheit, die in diesem Menschen wohnte. Der Hinweis auf Jesus als wahren Mensch und wahren Gott finden wir auch in Römer 1, Verse 3 und 4. Dort steht, dass Jesus „hervorgegangen ist aus dem Samen Davids nach dem Fleisch", aber durch die Auferstehung „erwiesen ist als Sohn Gottes in Kraft". Insofern lasse ich mich gerne vom Koran darauf aufmerksam machen, dass ich vorsichtig sein muss, wie ich meinen Glauben an Jesus ausdrücke.

Noch etwas machte mich stutzig: In Sure 5:73 erklärt der Koran: *„Ungläubig sind fürwahr, die da sprechen: ‚Siehe, Allah ist ein Dritter von dreien.' Es gibt doch keinen Gott außer dem einzigen Gott."* Gegen Ende der Sure wird das gleiche Thema nochmals aufgegriffen. In Vers 116 steht, dass Allah eines Tages Jesus fragen werde: *„O Jesus, Sohn der Maria! Hast du zu den Menschen gesprochen: ‚Nehmt mich und meine Mutter als zwei Götter neben Allah an?', dann wird er sagen: ‚Preis sei Dir! Es steht mir nicht zu, etwas zu sagen, was nicht wahr ist.'"*[40]

Hier wird den Christen vorgeworfen, an drei Götter zu glauben, und zwar an Allah, Jesus und Maria. Dieses Missverständnis kam wohl auf, da es zur Zeit Mohammeds eine Sekte gab, die die ägyptische Götterfamilie Isis, Osiris und Horus auf das Christentum übertragen hat und mit Maria, Gott-Vater und Jesus gleichgesetzt haben soll. Diese Sekte ist längst ausgestorben.

Dass es nur einen und nicht drei Götter gibt, lehrt auch die Bibel. So etwa in 5. Mose 6,4-5: „Höre Israel: der Herr, unser Gott, ist *ein* Herr. Und du sollst den Herrn, deinen Gott, lieben von ganzem Herzen, von ganzer Seele und mit aller deiner Kraft." Jesus wiederholt diese Sätze in Markus 12,29. Wie die Trinität wirklich zu verstehen ist, darüber wurden ganze Bibliotheken geschrieben. Da hilft es in Gesprächen mit Muslimen, ehrlich zu sein. Letztlich gilt das Gleiche wie im Islam: das Bekenntnis, dass kein sterblicher Mensch den unendlichen Gott völlig begreifen kann.

40 vgl. auch 4:171

92. Überraschung: **Der Vergleich der Wunder**

„O Leute der Schrift! Übertreibt nicht in eurer Religion und sprecht über Allah nur die Wahrheit. Der Messias Jesus, der Sohn der Maria, war ein Gesandter Allahs und Sein Wort, das Er Maria entbot, und ein Geist von ihm“ (Sure 4:171).

Außer seinem Namen werden Jesus in diesem Vers ganze fünf Titel zugeschrieben: „Messias“, „Sohn der Maria“, „Gesandter Allahs“, „Sein Wort“ und „Gottes Geist“. Zugleich wird Christen der Rat gegeben, es mit ihrer Religion nicht zu übertreiben. Entschuldigung, aber wenn selbst der Koran Jesus derart viele und hohe Titel gibt, dann sollte er es uns Christen nicht verübeln, wenn es uns schwerfällt, Jesus wieder als einen ganz gewöhnlichen Propheten zu betrachten.

Nicht nur in diesem Vers, sondern im gesamten Koran wird die Persönlichkeit Jesu letztlich widersprüchlich beschrieben. Einerseits werden mit Jesus einzigartige Titel und Wunder, die Jungfrauengeburt und die leibliche Entrückung in den Himmel verbunden. Andererseits wird immer wieder versichert, er sei nur ein Prophet wie alle anderen gewesen.

Wie überraschend es ist, dass der Koran Jesus das Vollbringen von Wundern zuschreibt, fällt erst auf, wenn man das mit dem Leben Mohammeds vergleicht. Von diesem überliefert der Koran, dass seine Gegner ihm vorwarfen, kein einziges Wunder vollbracht zu haben. Darauf soll er geantwortet haben, Wunder könne kein Mensch tun, sondern nur Allah (Sure 29:50). So gilt denn ein Buch – der Koran – als das einzige Wunder, das Mohammed vollbracht hat.

Wieso berichtet aber der Koran so ausführlich über die Wunder Jesu und betont gleichzeitig, dass Mohammed keine Wunder vollbracht hat? Ein Grund könnte der sein, dass Mohammed damit Christen den Islam schmackhaft machen wollte. Ich vermute aber eher, dass damals im arabischen Raum die Person Jesu bereits bekannt und es einfach nicht möglich war, seine Wunder und Titel zu leugnen. Man konnte sie höchstens umdeuten. Und genau das versucht der Koran wohl.

93. Überraschung: **Allah hilft den Heiden**

„Hast du nicht gesehen, wie dein Herr mit den Leuten des Elefanten verfuhr? Hat Er nicht ihren Plan scheitern lassen und Vögel in Scharen über sie geschickt, die sie mit Steinen aus gebranntem Ton bewarfen? Dann machte Er sie wie ein abgefressenes Feld." So lesen wir in der 105. Sure. Nach allgemeinem Konsens soll es sich hier um den Kriegszug des jemenitischen Vizekönigs Abraha handeln, der im Geburtsjahr Mohammeds die Kaaba zerstören wollte und in seinem Heer auch Elefanten mit sich führte.

Abraha al-Ashram ist in der Geschichte des Nahen Ostens durchaus bekannt. Er war ein äthiopischer General, dann Vizekönig über Südarabien für das Reich Aksum und erklärte sich schließlich zum König von Himyar. Dass er einen Elefantenfeldzug gegen Mekka gemacht haben soll, ist allerdings umstritten. Elefanten sind Tiere, die viel Wasser benötigen und jedenfalls nicht in die trockene Wüste passen. Was uns aber hier interessiert, ist Folgendes: Nach Aussage von Sure 105 war es Allah, der die Kaaba verteidigt haben soll. Doch warum sollte er das getan haben? Es gab damals in Mekka noch niemanden, der an ihn glaubte. Ganz im Gegenteil: Die Kaaba war das größte Zentrum heidnischer Götzenanbetung. In Sure 105 wird also die Behauptung aufgestellt, dass der Gott des Himmels ein Wunder vollbracht hat, um die Götzen von Mekka und die sie anbetenden Heiden zu verteidigen.

Diese Geschichte wird von vielen Muslimen als das große Wunder Mohammeds gefeiert, weil es sich im Geburtsjahr des Propheten ereignet haben soll.

94. Überraschung: **Die Zweifel Aishas**

Aisha, die junge Ehefrau des arabischen Propheten, soll einmal ausgerufen haben: „Dein Gott tut immer, was für dich gerade angenehm ist." Ich kann mir schon vorstellen, weshalb sie diesen Eindruck hatte. Muslime durften höchstens vier Frauen heiraten, der Prophet bekam dagegen eine Sondererlaubnis, mehr Frauen zu heiraten (Sure 33). Die Frau seines Adoptivsohnes Zaid gefiel dem Propheten. Er hätte sie nur zu gern geheiratet, doch sein Gewissen hinderte ihn daran. Am gleichen Tag bekam er einen Koranvers, der ihm nicht nur erlaubte, sondern regelrecht befahl, jene Frau zu sich zu nehmen. Und als die Leute anfingen, darüber zu tuscheln, dass er die Frau seines Sohnes geheiratet hatte, wurde alsbald geoffenbart, dass dieser gar nicht sein Sohn sei, weil die Adoption noch aus der Zeit vor dem Islam stamme. Seit dieser Zeit ist Adoption im Islam allgemein verpönt. Und als Mohammed nach einer hitzigen Auseinandersetzung mit seinen Frauen einen Eid schwor (Sure 66:1-2), erhielt er sogleich einen Vers, in dem Allah selbst sagte, er löse Schwüre, die vorschnell gemacht worden seien, wieder auf.

Aisha hat vermutlich noch viel mehr derartige Vorkommnisse erlebt. Kein Wunder, dass sie sich darüber wunderte. Was aber überrascht, ist, dass dieser Satz in den Hadithe bis heute festgehalten ist. Normalerweise gilt nämlich Zweifel im Islam als Sünde.

Jedenfalls ist die Frage Aishas auch die meine. Wer den Koran unvoreingenommen liest, fragt sich bald, ob es wirklich immer Gott ist, der da spricht, oder ob nicht ganz irdische Motive dahinterstehen. Hier ein paar weitere Beispiele:

Sure 49:15: *„Gläubig sind nur die, welche ... sich mit Gut und Blut auf Allahs Weg einsetzen."*

Demnach darf sich kein Muslim, der nicht sein Geld und sein Leben im Krieg für den Islam einsetzt, als gläubig bezeichnen.

Sure 24:62: *„Gläubig sind nur, die ... wenn sie wegen einer Gemeinschaftsangelegenheit bei ihm* [Mohammed] *sind, nicht fortgehen, ohne ihn um Erlaubnis gefragt zu haben."*

Will heißen: Wer bei gewissen Sitzungen nicht dabei war oder früher ging, galt als ungläubig. Wenn man an all die Höllendrohungen denkt, die mit dem Wort „ungläubig" verknüpft sind, dann nimmt man doch also lieber freiwillig an diesen „Gemeinschaftsangelegenheiten" teil.

Sure 8:49: *„Die Heuchler und diejenigen, in deren Herzen Krankheit ist, sagen: Ihre Religion verführt sie."*

Dies bedeutet: Wer mit Mohammed nicht einverstanden war oder sich ein Stück Freiheit bewahren wollte, indem er zum Beispiel nicht in den Krieg zog, wurde als „Heuchler" und „krank" bezeichnet. Von Gott höchstpersönlich!

Sure 5:68: *„O Volk der Schrift!“*

Mit diesem Ausdruck werden Juden und Christen in eine scheinbare Sonderstellung erhoben. Es klingt so, als ob sie etwas Besseres wären als etwa Heiden und Gottlose. In Wirklichkeit ist aber die Unterjochung von Christen und Juden genauso wie die der Heiden laut Sure 9:29 ff. ein Befehl Gottes.

Wenn der Koran wirklich Gottes Wort ist, wird er jeden Zweifel überleben. Wer Zweifel verbietet, zeigt damit Schwäche.

95. Überraschung: **Beten Juden, Christen und Muslime denselben Gott an?**

Ist der Gott des Islam der gleiche wie der der Bibel? Unzählige Menschen haben mir diese Frage gestellt. Der Koran sagt einerseits ja: *„Unser Gott und euer Gott sind eins. Und Ihm sind wir ergeben“* (Sure 29:46). An anderer Stelle werden allerdings sowohl Juden als auch Christen angeklagt, gotteslästerliche Vorstellungen vom Schöpfer zu haben.

Wie soll man damit umgehen? Man könnte sagen, dass es sich bei diesen Vorwürfen hauptsächlich um Missverständnisse handelt. Es ist ein Missverständnis zu meinen, dass Juden Esra als Gottessohn betrachten und anbeten. Es ist auch ein Missverständnis, dass die Christen an drei Götter glauben würden. Zudem glaubt kein Christ daran, dass Gott Maria geheiratet habe. Alles Missverständnisse.

Es muss der gleiche Gott sein, denn einen anderen gibt es ja nicht. Und doch: Wenn es wirklich derselbe Gott ist, weshalb gibt es dann so viele Missverständnisse?

Historisch gesehen kann man zwei Dinge dazu sagen:

1. Der Name „Allah“ war schon vor Mohammed bekannt. So hieß der Vater Mohammeds, der ja vor der Entstehung des Islam lebte, Abdallah („Knecht Allahs“). Auch kann „Allah“ sehr wohl mit dem hebräischen Gottesnamen „El“ verwandt sein, den man bei Daniel, Samuel, Hesekiel und anderen findet. Hebräisch und Arabisch sind beides semitische Sprachen. Wenn man den arabischen Artikel „al“ vor „El“ setzt, dann bekommt man „Alel“, was sich im Laufe der Jahrhunderte zu „Allah“ entwickelt haben könnte.

2. Vor dem Islam gab es in Mekka viele Götter. Welcher von ihnen wurde als „Allah“ bezeichnet? Ich vermute, dass der beliebte islamische Glaubenssatz „Allahu akbar“ („Gott ist größer“) uns in dieser Hinsicht einen Anhaltspunkt gibt. Wie vorislamische Texte andeuten, wurde damals der größte aller Götter mit diesem Namen bezeichnet. Der Übergott der Mekkaner war der Mondgott. Er müsse stärker als die Sonne sein, folgerten sie, denn am Tag zu leuchten, wenn sowieso alles hell ist, sei keine Kunst. Aber in der Finsternis der Nacht zu leuchten, das könne nur der starke Mond.

Wenn Allah ursprünglich der Mondgott war, würde dies nicht nur erklären, weshalb der Islam derart mit dem Mondjahr verknüpft ist und warum auf jeder Moschee ein Halbmond steht, sondern auch, woher der Satz „Allahu akbar“ stammt. Allah wäre dann bereits vor dem Islam der Größte gewesen.

Doch wichtiger als die Herkunft des Namens „Allah“, ist, welche Vorstellung mit diesem Begriff verknüpft ist. Sure 37:159 jubelt: *„Preis sei Allah! (Er ist hocherhaben) über alles, was sie (über Ihn) aussagen.“* Wenn es im Judentum in erster Linie um die Heiligkeit Gottes und im Christentum um

Gottes Liebe geht, so dreht sich im Islam letztlich alles um Allahu akbar: „Gott ist größer". Größer als alles, was existiert.

Oberflächlich betrachtet könnte man meinen, „Gott ist Einer" sei der Kerngedanke des Islam. Tatsächlich wird die Einheit Allahs auch immer wieder betont. Doch „Allahu akbar!" ist der Ruf, der alles enthält, was man über den Islam sagen kann. Er beinhaltet die Einheit Gottes, da ja nur einer größer als alle anderen sein kann. Allah ist größer als alle Götter und Religionen, als alle anderen Bereiche und Dinge unseres Lebens; alles hat sich ihm zu unterwerfen, ob freiwillig oder nicht, er fordert von allen Rechenschaft, während niemand ihn hinterfragen kann, und sein Volk ist das beste.

Er ist an nichts gebunden. Nicht einmal an seine eigenen Bücher oder Verse (Sure 2:106 und 16:101). Er kann seine Meinung ändern, ohne einen Grund anzugeben, einfach nur, um zu prüfen, wer sich ihm wirklich unterwirft und wer nicht (Sure 2:142 ff.). Sein Volk Israel und alle Verheißungen an dieses *„sind nun Vergangenheit"* (Sure 2:134). Er setzt ein anderes an seine Stelle. Doch aufgepasst, auch dieses könnte er jederzeit wieder auswechseln, wie er in Sure 9:39 erklärt: *„So ihr nicht ausziehet, wird Er euch strafen mit schmerzlicher Strafe und ein anderes Volk an eure Stelle setzen; und ihr schadet Ihm nichts, denn Allah hat Macht über alle Dinge."*

„Islam" bedeutet „Unterwerfung". Da Allah größer ist, muss ihm alles unterworfen werden. Das islamische Pflichtgebet ist eigentlich nichts anderes als eine Unterwerfungsbezeugung. Man kann natürlich auch noch andere Gebete sprechen, aber diese haben weniger Gewicht. Im Leben des Muslim ist nichts so wichtig wie die totale Unterwerfung unter Allah und schon die leiseste Rebellion muss im Keime erstickt werden.

In Sure 32:13 sagt Allah von sich selbst: *„Und hätten Wir gewollt, so hätten Wir jedermann gewiss auf den rechten Weg führen können. Jedoch das Wort von Mir wird wahr: ‚Wahrlich, Ich will die Hölle mit lauter Ginn und Menschen füllen.'"* Wie erschreckend. Wenn es doch so einfach gewesen wäre, alle Menschen auf den rechten Weg zu bringen, warum hat Allah dann lieber die Hölle füllen wollen? Aber so zu denken, ist sinnlos. Denn wenn jemand Allah zur Rechenschaft ziehen könnte, wäre er nicht mehr der Größte. Bei ihm ist es kein Widerspruch, dass er Menschen in die Irre führt (Sure 13:33) und sie dann noch ewig dafür straft. Sogar der Satan sagt im Koran: *„Mein Herr! Du hast mich abirren lassen ..."*

Er ist zu groß, als dass wir ihn verstehen könnten. Er ist größer, als dass er sich Menschen verpflichten müsste. Er ist so groß, dass jeder, der ihn beleidigt, bestraft werden muss. Wer sich ihm nicht unterordnet oder ihm den Rücken kehrt, gilt als Schande für den größten aller Großen und muss mit dem Schlimmsten rechnen.

Deshalb stellen auch all die Widersprüche, die ich aus meiner Sicht im Koran gefunden habe, für ihn kein Problem dar, denn er ist größer als sie. Er kann Ja und Nein zugleich sagen und doch recht behalten. Er kann sich ohne Gesichtsverlust *als „der Listigste aller Listigen"* bezeichnen (Sure 3:54). Er kann alles. Nur eines kann er nicht: über seinen eigenen Schatten springen und sich erniedrigen. Weil er dann ja nicht mehr über alles hocherhaben wäre. Ein Mensch zu werden wäre für ihn eine Schande.

96. Überraschung:
Ist Allah ein General?

Allah trägt „99 wunderschöne Namen“, die direkt aus dem Koran stammen. Schöne wie „der Vergebende“, „der Lebenspendende“ und „der Helfer“. Und irritierende wie „der Rächer“, „der Tötende“, „der Verführer“ und „der Erzeuger der Not“.

Der große islamische Theologe al-Ghazali soll gesagt haben, dass die 99 Namen Allahs „alles und nichts bedeuten, dass ein Name den anderen aufhebe und eine Eigenschaft von der anderen überdeckt“ werde.

Es ist fast einfacher herauszufinden, was Allah *nicht* ist, als *was* er ist. Es wäre eine Sakrileg, ihn etwa – wie die Bibel es bei Gott tut – „Papa“, „Hirte“, „Bräutigam“, „Freund“ oder „Bruder“ zu nennen. Tatsächlich gibt es im Koran kaum etwas, das auf diese Eigenschaften Gottes verweist.

Zum Beispiel wird man kaum Verse finden, die von der bedingungslosen Liebe Gottes zu den Menschen sprechen. Am bekanntesten ist sicher Sure 50:16, die erklärt, Gott sei dem Menschen näher als die Halsschlagader. Doch wer die gesamte Sure betrachtet, stellt fest, dass es dort keineswegs um die Beziehung Gottes zu den Gläubigen, sondern um sein Gericht über Nichtmuslime geht. Ihnen wird gesagt, dass Gott ihre schlimmen Gedanken kenne, denn er sei ihnen näher als die Halsschlagader. Das Thema der 50. Sure ist nicht die Liebe, sondern das Gericht Gottes, und der betreffende Vers soll erschrecken, nicht beruhigen. Es ist eine Predigt an diejenigen, die nicht an die Auferstehung glauben. Ihnen wird mit dem Gericht des Gottes gedroht, der nicht nur ihre schlechten Taten kennt, sondern jeden ihrer Gedanken.

Es gibt zwar ein paar Stellen im Koran, die von Gottes Liebe (mahabba) zu den Menschen sprechen. Diese Liebe ist allerdings immer an Bedingungen geknüpft:

Sure 61:4: *„Allah liebt fürwahr diejenigen, welche auf Seinem Weg in Schlachtordnung kämpfen, so als wären sie eine festgefügte Mauer."*

Sure 3:31: *„Sprich: ‚Wenn ihr Allah liebt, dann folgt mir. Dann wird euch Allah lieben …'"*

Was häufiger im Koran steht, ist, wen Allah *nicht* liebt: Allah liebt die Gottlosen nicht (Sure 28:77) sowie die Ungläubigen (30:45), die Frevler (42:40), die Stolzen (57:23), die Geizigen (4:37), die Verschwender (6:141), die Verräter (8:58), die Frohlockenden (28:76), die Sünder (2:276).

Allah kommt mir so unnahbar vor wie ein General. Er malt seinen Leuten Feindbilder vor Augen und spricht Warnungen aus, um sie zu motivieren. Er gibt Anweisungen, wie sie mit dem Feind umzugehen haben – mal vergebend, mal hart, mal mit Erbarmen, ein anderes Mal ohne. Er fordert immer wieder totale Unterwerfung, denn nur so kann der Sieg errungen werden. Häufig zählt er seinen „Soldaten" auf, was er ihnen schon gegeben hat und was sie noch erhalten werden, wenn sie ihm treu bleiben. Fahnenflucht und Faulheit akzeptiert er nicht. Regeln und Gesetze sorgen für Ordnung im „Heer". Frauen spielen natürlich wie in jeder Armee keine große Rolle. Eine Erklärung über die Barmherzigkeit Gottes wird jeder Sure vorausgeschickt: „Im Namen Allahs, des Barmherzigen, des Allerbarmers". Aber was damit gemeint ist, wird nirgends beschrieben. Es kommt mir vor wie eine Formel, eine Parole, die der General so oft wiederholen lässt, bis man sie glaubt, egal, ob sie einen Bezug zur Praxis hat oder nicht.

Die Prophetengeschichten dienen als Lektionen aus der Historie. Einige Geschichten (Samuel, Salomo) werden kriegerisch umgeschrieben. Der General braucht Vorbilder, denen die Soldaten nacheifern können. Die Geschichte Josefs bleibt unverändert, obwohl sie nicht Vergeltung, sondern Vergebung lehrt. Aber auch das passt in seine Strategie, der erbarmungslos mordet und ein andermal überraschend vergibt. Beides führt zu totaler Unterwerfung.

Nicht einmal das Paradies ist ein Ort der Liebe. Es ist ein Ort des soldatischen Triumphes über alle Feinde und des höchsten Lustgenusses. Die Huris sind keine Persönlichkeiten, sondern Sexpuppen. Ein Motivationsfaktor, nichts anderes als ein Teil der Beute, als Belohnung für den Einsatz der Soldaten. Diese haben ein Recht darauf, denn sie haben mit Allah einen Tauschhandel abgeschlossen. Ihr „Gut und Blut" haben sie hingegeben und dafür das Paradies „erworben".

Generäle sind nicht gerade dafür bekannt, zärtlich oder liebevoll zu sein. Weil es keine Beziehung mit dem generalartigen Gott gibt, fehlt im Islam auch die Heilsgewissheit. Die Angst vor Grabesqualen und Hölle ist ständiger Begleiter. Deshalb gibt man sich alle Mühe, mit guten Werken dem Paradies näher zu kommen. Doch die Ungewissheit ist fast unerträglich. Im Koran werden jedoch Abkürzungen zum Himmel versprochen: Wer nach Mekka pilgert, soll Sündenvergebung erlangen. Erst recht derjenige, der den schwarzen Stein küsst. Wer die Liste mit den 99 Namen Allahs auswendig aufsagt, kommt ins Paradies. Wenn eine Frau ihren Mann zufriedenstellt, kommt ihr Vater in den Himmel. Stimmt das? Niemand weiß es genau. Nur die getöteten Dschihad- und Futuhat-Krieger kommen sicher ins Paradies. Oder vielleicht nicht einmal diese, denn eigentlich steht in Sure 19:71, dass *alle* durch die Grabesqualen hindurchmüssen.

Das menschliche Herz dürstet nach göttlicher Liebe. Wie viele gemäßigte Muslime sind wohl beim Versuch, sich Allahs Zuneigung zu verdienen, zu rücksichtslosen Fanatikern geworden?

97. Überraschung: **Koran und Wissenschaft**

„Wahrlich, Wir entsandten Unsere Gesandten mit klarer Botschaft und schickten mit ihnen das Buch und die Waage herab, auf dass die Menschen Gerechtigkeit üben möchten. Und Wir sandten das Eisen herab, in welchem Furcht einflößende Kraft, aber auch Nutzen für die Menschen ist“ (Sure 57:25).

Dieser Vers steht im Zentrum vieler YouTube-Videos und manch einer Diskussion. Er soll beweisen, dass der Koran übernatürlicher Natur sei. Viele Muslime sind überzeugt, dass sich hier und an anderen Stellen im Koran wissenschaftliche Erkenntnisse finden, die Mohammed zu seiner Zeit noch gar nicht haben konnte. Sie sind der Beweis dafür, dass der Koran göttlich inspiriert sein muss. Das Argument sieht folgendermaßen aus: Da unsere Sonne nicht heiß genug sei, um Eisen erzeugen zu können, müsse das Eisen, das es auf der Erde gibt, aus dem Weltall gekommen sein. Genau dies werde in diesem Vers beschrieben. Zudem sei festgestellt worden, dass „Das Eisen“ nicht zufällig die 57. Sure des Korans sei. Genau die gleiche Zahl – 57 – trägt nämlich das Eisen auch in der Tabelle der chemischen Elemente.

Doch man kann diese Verse auch anders verstehen. Frühere Korankommentatoren wie Ibn Kathir, Al-Razi und andere erklärten, dass mit „Eisen“ hier das Schwert gemeint sei. Sie verstanden den Vers so, dass Gott nicht nur seine Botschafter auf die Erde gesandt habe, sondern diese auch mit drei Dingen ausgerüstet habe, die sie benötigten: mit der klaren Botschaft (mit göttlichen Büchern), mit der Waage (dem Schariagesetz) und dem Eisen. Darunter wurde das Schwert verstanden, welches sie benötigten, um das Volk mit dem Schariagesetz zu regieren.

Was nun die Zahl 57 für die Sure „Das Eisen“ betrifft, so muss man davon ausgehen, dass die Surenzählung nicht von Mohammed stammt. Die Hadithe berichten davon, dass Uthman einige Jahrzehnte nach Mohammeds Tod den Koran gesammelt habe. Damals habe es aber schon mehrere Korane gegeben. Der eine sei von Ali geschrieben worden, habe mit Sure 96 begonnen und war chronologisch geordnet. Ein anderer von Abdallah ibn Mas'ud habe mit der 2. Sure begonnen, weil er die 1. als Gebet und nicht als Sure betrachtet habe. Hätte Mohammed seinen Suren klare Nummerierungen gegeben, wäre es nicht zu derartigen Diskrepanzen gekommen.

Auf ähnliche Weise suchen viele Muslime auch anderswo im Koran wissenschaftliche Wunder. Ich habe jedoch noch von keinem gehört, das einer seriösen Prüfung standhalten könnte. Berühmt ist beispielsweise die Beschreibung der Entstehung eines Kindes in Sure 23:12-14. So entsprach es zwar den damals gängigen Vorstellungen, dass die Knochen des Fötus zuerst entstehen und dann erst das Fleisch darangehängt wird, aber sicher nicht den heutigen. Überholt ist auch die Behauptung von Sure 86:6-7, dass der Same „zwischen Lenden und Rippen“ herkomme. Schon die alten Griechen meinten, dass die männliche Flüssigkeit in den Nieren gebildet werde. Erst viel später wurde die Funktion der Hoden richtig erkannt.

Andere führen als Beweis für den übernatürlichen Charakter des Korans Sure 54:1 an, nach deren Aussage Mohammed den Mond gespalten haben soll. Sie stützen sich auf die Behauptung, es gebe auf dem Mond eine Rinne, welche beweise, dass er einst aus zwei Hälften bestanden haben müsse. Doch abgesehen davon, dass es eine solche Rinne beispielsweise auch auf der Erde gibt (der Marianengraben, der sich im Pazifischen Ozean über ungefähr 2400 km hinzieht und bis zu 11 Kilometer tief ist) und der Name Mohammeds in Sure 54:1 gar nicht vorkommt, bleibt noch zu fragen, wie der Mond dann wieder zusammengesetzt wurde. Zudem wäre ein derart epochales Ereignis sicher auch von anderen Völkern bemerkt und aufgeschrieben worden.

Noch viele derartige „Wunder“ könnte man untersuchen. Sie sind alle widerlegt und werden doch nach wie vor mit größter Überzeugung verkündet.

98. Überraschung:
Ja und nein!

Selbstsicher klingt es in Sure 4,82: *„Studieren sie den Koran denn nicht? Wenn er von einem anderen als Allah stammte, fänden sie in ihm gewiss viele Widersprüche."* Tatsächlich befinden sich unter den in diesem Buch geschilderten Überraschungen viele Widersprüche. Die Friedensverse sagen nicht das Gleiche aus wie die Kriegsverse. Ob Jesus Frieden oder Krieg lehrte, segnete oder verfluchte, ist nach dem Koran nicht klar. Einerseits wird begrenzte Gewalt in Form von Verteidigungskriegen propagiert, andererseits jeder Muslim, der seine Beteiligung an Angriffskriegen (Futuhat) verweigert, als „Heuchler" gebrandmarkt, der in der Hölle noch weiter unten brennen werde als die Heiden. In einigen Versen wird wenigstens ein Teil der „Völker der Bücher" hochgerühmt und als gute Menschen in die paradiesischen Gärten eingeführt, in anderen werden sie allesamt als „Kuffar" (Ketzer) verdammt. Einerseits wird behauptet, dass der Koran die früheren Bücher bestätige, und doch finden sich nur wenige Prophetengeschichten, die mit den Geschichten der Bibel, auf die sie sich beziehen, übereinstimmen.

Obwohl den Muslimen in vielen Versen das Paradies versprochen wird, können sie nie sicher sein, ob sie wirklich jemals dorthin kommen. Während sich der Islam als die Religion des Friedens bezeichnet, besteht der einzige Weg, um garantiert ins Paradies zu kommen, im Tod im Krieg. Ein Muslim darf nur vier Frauen heiraten, kann aber zusätzlich mit jeder seiner Sklavinnen intimen Umgang pflegen, selbst wenn sie verheiratet ist. Die einzige Bedingung für die Heirat mehrerer Ehefrauen ist, dass der Muslim sie gleich behandelt. Zugleich gibt der Koran zu, dass dies gar nicht möglich ist; auch Mohammed hatte offiziell eine Lieblingsfrau. Zudem erlaubt der Koran dem Propheten ohne Begründung weit mehr Frauen und stellt ihn gleichzeitig als unfehlbares moralisches Vorbild für die ganze Menschheit dar. Die vielen Frauen des Propheten gelten als Vorbilder für die Musliminnen und doch wird von ihnen im Koran keine einzige vorbildliche Begebenheit erzählt. Dankbarkeit fordert der Koran und Respekt für die Eltern, und doch werden weder die Eltern noch die Erzieher Mohammeds jemals erwähnt; weder Kadija, die erste Muslimin, noch sein Onkel noch Waraqa ibn Naufal, welche doch sein Leben über viele Jahre beschützt haben, sind eines einzigen Verses würdig. Unzählige Male wird vor den Satanen gewarnt, und doch geht der Prophet selber eine Beziehung mit den Dschinn ein, obwohl der Satan selbst ein Dschinn ist!

Auch die Person Mohammeds ist widersprüchlich. Ist er ein demütiger Prophet, der nichts tut, als die Botschaft früherer Propheten wiederaufleben zu lassen und die Menschen vor der Sünde zu warnen, oder ist er ein Politiker, der zu allem bereit ist, um sein Reich zu bauen?

Millionen von Muslimen verlassen sich darauf, dass der gütige Allah ihnen näher ist als die Halsschlagader, während die betreffende Sure nicht von Liebe, sondern von Gericht und Strafe spricht. Wie könnte Gott ihnen auch derart nah sein, wo doch nicht einmal der islamische Prophet eine Beziehung zu ihm hatte, sondern nur durch einen Engel mit ihm kommunizieren konnte? Dieser Engel soll den Koran in perfektem Arabisch übermittelt haben. Er trägt jedoch nicht einen arabischen, sondern einen jüdischen Namen.

Auch trägt der arabische Stammvater Ismael einen hebräischen Namen und zeugt damit bis heute davon, dass jenes Volk noch da ist, von dem Sure 2 meint, es sei *„nun Vergangenheit"*. Der Koran behauptet von sich, seit Ewigkeit *„auf wohlverwehrter Tafel"* (Sure 85:21-22) im Himmel existiert zu haben und das einzige unveränderte Buch zu sein. Zugleich lehrt er von sich selbst, dass Allah Verse *„vergessen lasse"*, weil er sie *„durch bessere ersetze"*.

Es ist nicht meine Aufgabe, diese und andere Widersprüche aufzulösen. Ich glaube an Jesus, der zur Wahrheitssuche ermutigt hat. Er sagt aber auch, wir sollen nicht richten. Nur weil eine Religion anders ist, lehne ich sie nicht ab. Ich will sie verstehen, das Positive in ihr suchen und Muslimen weiterhin respektvoll begegnen.

99. Überraschung: **Ein Buch wie dieses**

„So bringt (wenigstens) eine einzige ebenbürtige Sure hervor" (Sure 10:38).

Bis heute sind Millionen Menschen davon überzeugt, dass niemand derart perfekte Verse hervorbringen könnte, wie man sie im Koran findet. Kann man dazu etwas Objektives sagen? Zuerst muss natürlich geklärt werden, was genau mit „ebenbürtig" gemeint ist. Ist damit beispielsweise eine Sure gemeint, die ganz frei ist von Widersprüchen? Der Koran ist durchaus nicht widerspruchsfrei, wie wir in diesem Buch gesehen haben. In Bezug auf die Logik gibt es viele Bücher, die ihm nicht nur ebenbürtig, sondern meiner Meinung nach sogar überlegen sind.

Ist die historische Exaktheit gemeint? Ganz sicher nicht, denn die Suren des Korans sind nicht einmal chronologisch geordnet. Die Geschichten enthalten keine Jahresangaben. Man weiß selten, wo und wann sich etwas ereignet hat. Der Koran ist offensichtlich nicht an historischer Genauigkeit interessiert. Auch in dieser Hinsicht gibt es weitaus exaktere Bücher.

Was ist mit „ebenbürtig“ gemeint? Ebenbürtig in Sachen Respekt? Respekt für Allah? Insbesondere die Mekka-Suren legen tatsächlich einen großen Respekt für Gott an den Tag. Später allerdings – wie wir gesehen haben – geht es immer deutlicher um den Propheten als um Gott.

Ebenbürtig in Sachen Wahrheitsgehalt? Leider haben wir entdeckt, dass sich im Koran so manche falsche Anklage findet. So wurde den Juden vorgeworfen, einen Gottessohn anzubeten, und Maria wurde Teil der Trinität.

Ebenbürtig in Poesie? Kann niemand ein Gedicht schreiben, das sich so gut reimt oder so einen großartigen Rhythmus hat wie der Koran? Nun, die Koranverse reimen sich selten und sie weisen auch keinen festen Rhythmus auf. Es gibt zwar Sänger, die die Verse so schön singen können, dass die Gläubigen sich beim Zuhören in den Himmel versetzt fühlen. Doch Ähnliches findet sich auch in anderen Sprachen und in anderen Religionen. Jede Kultur kennt alte Schätze, die heute niemand mehr produzieren könnte, weil sich die Voraussetzungen geändert haben.

Ebenbürtig in Sachen Liebe? Der Koran enthält zwar Aufrufe zu Barmherzigkeit und Güte. Zugleich ist er aber gespickt mit Höllendrohungen, Verwünschungen, rassistischen Vorurteilen und Kriegsversen, Rache, Unterdrückung und bestialischen Bestrafungen der Feinde. Frauen, Sklaven und Andersdenkende werden prinzipiell als Menschen zweiter Klasse gesehen, obwohl es Ausnahmen gibt (so etwa Maria). Im Koran werden zudem Politik und Religion ohne Bedenken miteinander vermischt. In dieser Hinsicht gibt es religiöse Bücher, die ihm überlegen sind.

Es gibt also keinen objektiven Maßstab, um zu sagen, was ebenbürtig ist und was nicht. Man kann viele Dinge auf dieser Welt für „himmlisch" halten. Und doch ist auch dieser Eindruck subjektiv. Warum soll man den gesungenen Koran nicht als schön empfinden? Aber genauso schön ist auch der Bibeltext, der in orthodoxen Kirchen gesungen wird.

Über den Autor

Kurt Beutler, Jahrgang 1960, wurde in Affoltern am Albis in der Schweiz geboren. Er studierte an der Universität Bern und am *London Bible College* evangelische Theologie. Es folgten Aufenthalte in Japan, Ägypten und im Libanon. Er ist Autor mehrerer Bücher und als Mitarbeiter von MEOS als interkultureller Berater für Arabisch sprechende Ausländer tätig. Beutler ist verheiratet mit einer Ägypterin, sie haben zwei Töchter und leben in Zürich.

MEOS ist ein nicht kommerziell orientierter Verein, der sich in den vergangenen 50 Jahren zu einem Kompetenzzentrum für Immigration entwickelt hat. Die Ursprünge von MEOS liegen in der Gastarbeiterthematik der 1960er-Jahre. Damals kümmerte sich die Organisation um die Saisonniers aus Italien. In der Zwischenzeit haben sich die Herausforderungen markant verändert. Menschen aus ganz unterschiedlichen Kulturen, Sprachen und Religionen leben heute in Europa. MEOS arbeitet in ganz unterschiedlichen Arbeitszweigen wie zum Beispiel im Asylwesen oder in Gefängnissen. Mit Deutschkursen, aber auch mit Hilfsgütern erhalten Ausländer ganz praktische Unterstützung. MEOS vernetzt Kirchen und andere karitative Organisationen in der Migrantenarbeit und fördert eine ganzheitliche gesellschaftliche Integration. Grundlage dieses karitativen Engagements bildet die von Jesus in den Evangelien vorgelebte Nächstenliebe.

www.meos.ch

Wer oder was ist OM?

OM (Operation Mobilisation) setzt sich weltweit dafür ein, Leben zu verändern und Gesellschaft zu gestalten. Dabei haben die Mitarbeiter von OM eines gemeinsam – sie sind Christen und möchten, dass auch andere die Möglichkeit bekommen, Gottes Liebe zu erfahren und Hoffnung zu finden. Dies geschieht durch Training und Mentoring, Katastrophenhilfe und Entwicklungszusammenarbeit, das Weitersagen der Guten Nachricht von Jesus, den Aufbau und die Unterstützung von christlichen Gemeinden sowie den Einsatz für Menschenrechte.

OM hat weltweit 3200 Mitarbeiter aus mehr als 110 Nationen, die in über 115 Ländern und durch das Hochseeschiff Logos Hope den Menschen dieser Welt Bildung, Hilfe und Hoffnung bringen. Dabei arbeiten die OM-Mitarbeiter mit Kirchen und christlichen Gemeinden zusammen.

Etwa die Hälfte der Mitarbeiter nehmen an einem ein- bis zweijährigen Trainingsprogramm teil, das auch als Freiwilliges Soziales Jahr (FSJ) möglich ist, oder sie sind in ihrem Beruf tätig. Die andere Hälfte sind Mitarbeiter mit einer langfristigen Perspektive. Sie leiten Teams und begleiten Kurzeinsatzteilnehmer, entwickeln Visionen und Ziele für die unterschiedlichen Arbeitsbereiche und setzen sie um, bauen Beziehungen und Freundschaften auf oder verwirklichen Hilfsprojekte mit Langzeitwirkung.

Wenn Sie regelmäßig Informationen über die Arbeit von OM erhalten möchten, finden Sie aktuelle Informationen im Internet oder in folgenden Veröffentlichungen: Global (Deutschland), Pulsschlag (Österreich) und OM-Nachrichten (Schweiz). Diese Zeitschriften sind in den jeweiligen Büros erhältlich – kontaktieren Sie uns einfach.

OM Deutschland
Alte Neckarelzer Str. 2
74821 Mosbach
Fon: +49 (0) 6261 947-0
Fax: +49 (0) 6261 947-147
info.de@om.org
www.d.om.org

OM Österreich
Passaustr. 19
4030 Linz
Fon: +43 (0) 732 321776
Fax: +43 (0) 732 321776-28
info.at@om.org
www.a.om.org

OM Schweiz
Hertistr. 31 – Postfach
8304 Wallisellen
Fon: +41 (0) 44 832 8383
Fax: +41 (0) 44 832 8363
info.ch@om.org
www.omschweiz.ch

Der Verlag weist ausdrücklich darauf hin, dass im Text enthaltene externe Links vom Verlag nur bis zum Zeitpunkt der Buchveröffentlichung eingesehen werden konnten. Auf spätere Veränderungen hat der Verlag keinerlei Einfluss. Eine Haftung des Verlags ist daher ausgeschlossen.

MIX
Papier aus verantwortungsvollen Quellen
FSC® C014496

Verlagsgruppe Random House FSC®N001967

1. Auflage 2016
Bestell-Nr. 817127
ISBN 978-3-95734-127-3

Überarbeitung: Kai S. Scheunemann
Umschlaggestaltung: Björn Steffens
Satz: Vornehm Mediengestaltung GmbH, München
Druck und Verarbeitung: GGP Media GmbH, Pößneck
Printed in Germany